民间信仰口袋书系列

主编 徐华龙

妖

王有钧 著

上海辞书出版社

总 序

一

中国人的民间信仰是多元、多样和多彩的。这与中国的民族结构有密切的关系。人类学大师费孝通先生说过：

> 中华民族……是由许许多多分散孤立存在的民族单位，经过接触、混杂、联结和融合，同时也有分裂和消亡，形成一个你来我去、我来你去，我中有你、你中有我，而又各具个性的多元统一体。①

纵观上下五千年的中国历史，在中华民族我中有你、你中

---

① 费孝通主编：《中华民族多元一体格局》，中央民族大学出版社1999年版，第3页。

有我的"滚雪球"过程中,中华民族从夏商周三代到秦的多元融合走向华夏一体,经历了夏、商、周、楚、越等族从部落到民族的发展过程,又经历了夏、商、周、楚、越等族及部分蛮、夷、戎、狄融合成华夏民族的历史过程。此后,从两汉到清代又经历了从民族互化到汉化成为民族融合主流的历史过程。就是在这悠悠几千年的历史过程中,及至清道光三十年(1851年),中国人口已达4亿以上①。进入近现代以后,中华民族这个雪球仍然不断地向前发展,到中华人民共和国建立时,其人口已逾6亿;经过改革开放,中国人口已发展到13亿之多。

涓涓细流汇成大海,就是在这个长时期的大交往、大交流、大交融的互动、磨合和整合中,中国人的民间信仰才形成多元的格局。

二

这样一来,融入中华民族的各民族或族群,在"滚雪球"

---

① 王育民:《中国人口史》,江苏人民出版社1995年版,第515页。

的过程中自然而然地又把各民族或族群的民间信仰,带入了中华民族的信仰文化之中,这又铸成了中国人民间信仰多样性的特征。民俗学家乌丙安在《中国民间信仰》一书中曾说过:

> 中国的民间信仰不仅有如天地、日月、星辰等自然体,还有风、雨、雷、电、虹、霓、云、霞、水、火、山、石等自然物和自然力,还有各种动植物等都在崇拜之列。与此同时,民间还崇拜人死后的所谓"灵"以及其遗骨、遗物、遗迹的"灵";还崇拜人们赋予很多自然物或人工物以化形的"灵"或"精";还包括崇拜幻象产生的多种职司各异的神灵;还崇拜被认为是附在活人身上的某种"灵"(或神灵、或鬼灵、或精灵);还崇拜所有人力所不及的幻想中的超自然力量;还崇拜被认为不可抗拒的一种"天命"(宿命)等等,不计其数,包罗万象。①

---

① 乌丙安:《中国民间信仰》,上海人民出版社1965年版,第4—5页。

中国民间信仰的多样还表现在鬼灵的多样上。如蒙古族民间所崇拜的"天",即蒙语称的"腾格里",其后"腾格里"这一概念受各教影响被加上各种称呼,分成众多神灵,如后世就有99个之说,其中西方有55个都是善神,东方的44个腾格里都是恶神。景颇族表现传统信仰的史诗《穆瑙斋瓦》中所祭的鬼就有34种,各不相同。水族的巫书《水书》中收录并给予祭祀的善鬼就至少有54个,各有其名,专司不一,恶鬼至少有99个,鬼性各一[①]。凡此等等,不胜枚举。

这种信仰态势,自然而然地铸成了中国人民间信仰多样性的特征。君不见,古往今来,中国人从天到地,从人到灵,从动物到植物,从幻想物到超自然力,只要你想象得到的一切人和物,中国民间都会创造出一个神来加以供奉和膜拜。

三

文化是要表达的。世上没有不表达的文化,只有表达的

---

① 乌丙安:《中国民间信仰》,上海人民出版社1965年版,第5页。

文化。多元、多样的特点必然会给中国人的民间信仰带来多彩的文化表达。

如在中国人的民间信仰中,灵魂不死观念的表达就光怪陆离。神是宗教及神话中所幻想的、主宰物质世界和精神世界的超自然的存在,据说正直之人死后可为神,动物植物也能成神;而仙是古代道家和方士所幻想的一种超出人世、长生不老之人,他们是由凡人修炼而成;鬼则是人死后不灭的精灵。神、仙、鬼的不同形象,反映了中国人的民间信仰的多彩。

又如佛教诸神是外来的神,道教诸神是中国本土的神。据印度佛教教义,佛是人而不是神,但佛教传入中国后,与中国的传统文化融合而逐步中国化。自宋代开始,佛道两教逐渐打通。这种打通还包括了儒学(有的认为是儒教)的融入,在民间,孔子、观音、弥勒、玉皇大帝、东岳大帝、碧霞元君、吕祖等,都是信仰最广的神祀,所以明清时代的民间祀祠与道观佛寺似乎很难区别,许多民间杂神祠庙或以僧主持或以道主持,也反映了中国人的民间信仰的多彩。

说到这里,笔者想起曾参加过广西贺州瑶族三天三夜的

"还盘王愿"仪式,感受颇深。

"还盘王愿",瑶族又称为"做堂"、"搞愿"、"踏歌堂",举行仪式时要请四位师公,即还愿师、诏禾师、赏兵师、五谷师;四位艺人,即歌娘、歌师、长鼓艺人、唢呐艺人;六位童男童女和厨官厨娘。仪式一开始是请圣挑鬼上光约标,请各路外姓神鬼,即不是瑶族的神鬼到来,设宴招待,接着就祭五谷兵马,引禾归山,祈求丰收,所祭之神以道教神祇和农神雷神为主。在这个请神、请鬼的过程中师公要唱经书。

请神、请鬼和唱了《盘王大歌》后,是请瑶族的祖先神来"流乐"[①]。这时把道教方面的神像全部撤去,供上长鼓、瑶锦以及用红纸剪凿而成代表瑶族祖先的连州大庙、福江大庙、行平大庙、福灵大庙的神庙凿花,其中福江大庙供奉的是盘王,连州大庙供奉的是唐王,行平大庙供奉的是十二游师,福灵大庙供奉的是五婆圣帝。长鼓艺人表演长鼓舞,歌师歌娘出来围歌堂,童女作新娘装扮以娱盘王。接着就摆下洪沙

---

① "流乐",即瑶语,意"玩乐"的意思。

大筵,众师公和还愿的家主一齐坐台,诵唱《盘王大歌》。最后众人一齐送盘王归去,还愿活动即告结束。①

三天三夜不停地举行着仪式(据说最长的还盘王愿要举行七天七夜),人们虔诚而热情,丰富多彩自不在话下。

凡此种种文化表达,也就自然而然地构成了中国民间信仰多彩的特征。如有福神的福星高照,福运绵长;禄神的加官进禄,富贵荣华;有寿星的寿山福海,星辉南极;有伏魔大帝义炳乾坤,万世人极;有保生大帝慈悲济世,救死扶伤;有媒神的红线拴住脚,千里结姻缘;甚至有驱邪神的大公在此,百无禁忌;有镇鬼神的铁面魁髯,威镇鬼魅;有厕神紫姑的占卜众事,预知祸福,等等,这些都显得人的精神世界像个"万花筒"的花花大世界。

四

多元、多样、多彩的中国民间信仰,本是普通老百姓日常

---

① 刘小春:《瑶族"还盘王愿"与〈盘王大歌〉浅探》,载广西瑶学会编:《瑶学研究》第二辑,广西民族出版社1992年版,第203—205页。

生活的一部分,其中虽有糟粕,但不可全概以"封建迷信"。其中的精华更亟待保护。

冲击首先来自韩国。2005年11月24日联合国教科文组织第三批宣布无形遗产名单时,由韩国申报的江陵端午祭被联合国教科文组织正式确定为"人类传说及无形遗产著作"。一石激起千层浪。围绕着端午节申遗之争,从2005年11月底开始,在中国学术界和民间都产生了极大的反响。有人冷眼看韩国端午节申遗成功。中韩两国在端午节申遗上各显神通,但是最后,中国落败。起源于我国,并且一直延续的一个传统节日,却被另一个国家申遗成功,这是一个发人深省的问题。

端午节起源于我国,这是不争的事实,韩国也承认这一庆典起源是来自中国的传统文化。除我国汉族外,还有满、蒙古、藏、苗、彝、畲、锡伯、朝鲜等约28个少数民族都会庆祝这个节日。不仅如此,端午节还很早地传入了日本、韩国、朝鲜、越南等国家,这些国家至今还在欢度端午佳节。由韩国申报的江陵端午祭,就源于中国远古的祭龙日,它的远古文化蕴涵是用龙的威慑力驱除所有的灾疫邪祟。

韩国的江陵端午祭本身是一种祭祀活动,主要是祭祀地方的保护神和英雄等,还有一些群众性的娱乐活动。它原名"江陵祭",已有一千多年的历史。直到1926年,因为其时间是从每年的农历四月十五持续到五月初七,与中国的端午节相近,才更名"江陵端午祭"。值得一提的是,在韩国申遗时,首先承认这一庆典起源是来自中国的传统文化,就是端午的时间框架的选择。但是实际上,韩国江陵端午祭是由舞蹈、萨满祭祀、民间艺术展示等内容构成,与我国端午节包含了吃粽子、赛龙舟、纪念屈原等一系列中国传统文化的内容并不相同。

虽然如此,因为端午节起源于中国,如果从端午节起源来看,中国的端午节最应该被批准为"人类传说及无形遗产著作"。所以韩国的申遗成功多少有点出乎意料,对于中国人民来说,多少有些失落。但是,因为人类口头遗产和非物质遗产代表作需要具备唯一性、完整性和真实性这三个特点,其他国家的端午节不满足前两个条件,而韩国的申遗成功凭借的就是自己的保护与重视程度,从这点来看,中国是不能比的。

韩国申遗成功的冲击,引起了中国对非物质文化遗产保护的强烈反思,其中重要的一点是非物质遗产在中国破坏大于保护。特别可怕的是长期反对封建迷信的大棒早已把中国民间极为丰富多彩的信仰文化摧毁了。

其实,中国的民间信仰伴随着历代民众的艰苦岁月,十分缓慢地度过了千万年时光。从远古史前时期的遗址祭坛和残缺的众神偶像上,发掘出中国史前文化史上原始信仰的珍贵形象,又从现存的中国五十六个民族数亿万言的口碑文化史中,也已经读到了浩瀚的植根于乡土文化的准宗教实录和鲜活生动的篇章。民间信仰,在中国文化史上,不容讳言,确实有它极其厚重的分量[①]。因此,对民间信仰的研究具有重要的学术价值和现实意义。

从学术价值上来说,正如历史人类学家郑振满和陈春声在《民间信仰与社会空间》导言中所说:

民间宗教研究在中国社会文化史研究中的价

---

① 乌丙安:《中国民间信仰·绪言》,上海人民出版社1965年版,第1页。

值,不仅仅在于我们可以把宗教研究作为一种认识手段,更深刻地理解蕴含于仪式行为和周期性节日活动背后关于宇宙、时间、生命和超自然力量等问题的观念,从而有可能用"理性"的方法,认识潜伏于普通百姓日常行为之下的有关"世界观"的看法;也不仅仅这样的研究可能有助于弥补在都市中接受现代教育而成长的一代研究者的知识缺陷,增长他们的见闻,开阔他们的视野,并为其学术生活添加一些有启发性的素材、灵感或有趣的饭后谈资。吸引众多的研究者去关注民间信仰行为的更重要的动机,对于这种研究在揭示中国社会的内在秩序和运行"法则"方面,具有独特的价值和意义。①

从现实意义而言,当下正热火朝天进行着的非物质文化遗产保护,主要指与有形的、物质的文化遗产相对应的那部

---

① 郑振满,陈春声主编:《民间信仰与社会空间》,福建人民出版社2003年版,第1页。

分文化遗产,包括传统口头文化和行为文化。而民间信仰是在广大民众中自发产生并自然传播的神灵与神物崇拜,它寄托着广大民众对平安、幸福生活的祈求、期望和追求,并以口头或行为的形式广泛地存在于各种民俗事象之中,不仅是非物质文化遗产的重要组成部分,而且是诸多非物质文化事象形成的生命之源和赖以生存的土壤①。所以,我们再也不能干消灭民间信仰的傻事了。陈桥驿先生曾说过:"历史上也有极少数绝顶聪明的人,他们洞悉这类崇拜和信仰其实都是子虚,但他们并不出头公开反对,因为他们同时明白,人类的这种崇拜和信仰,既是难以改变的,却是可以利用的。孔子就是其中的代表,他说'敬鬼神而远之',实在就表达了自己不信鬼神存在的观点。""当然,由于祀神祭鬼的事由来已久,他深知此事不仅不可抗拒,而且值得因势利导。"②

---

① 向柏松:《民间信仰与非物质文化遗产保护》,载《中南民族大学学报》,2006年第5期。
② 陈桥驿:《万物之灵——中国崇拜文化考源·序》,载吕洪年:《万物之灵——中国崇拜文化考源》,广西民族出版社1996年版。

陈桥驿先生的一些观点,对当下中国的非物质文化保护有重要的启示:一是人类永远会有不可认识、无法解释的问题,从而会陷于"愚昧";二是有"愚昧"就永远会有崇拜和信仰;三是有崇拜和信仰,人类就会不断地创造出各式各样的神、仙、鬼、怪;四是民间信仰是草根文化,是地方性知识;五是对这种草根文化既要尊重敬畏,又要分清良莠。所以,当下明确民间信仰的内涵、价值、意义,以及未来走向,对保护非物质文化有着特定的现实意义。

五

兜着圈子讲了这么多,现在笔者才奔主题,讲讲徐华龙先生主编的"民间信仰口袋书系列"。

2014年4月,笔者在上海交通大学人文学院进行学术交流时,华龙君来访,谈到了他主编的这套书。这套书第一辑共有:《鬼》、《神》、《仙》、《妖》、《怪》、《精》。这是一个庞大而系统的中国民间信仰学术工程,笔者听后十分赞赏。

交流之中,华龙君想让笔者为这套口袋书写一个总序。

想到半个多世纪来"封建迷信"对中国民间信仰的涤荡,看到当下非物质文化保护的需要,笔者欣然接受了邀请。

为了写这篇总序,适才兜着圈子讲了中国民间信仰多元、多样和多彩的特点,讲了中国民间信仰的学术内涵、价值、意义,以及未来走向,目的是为了让读者认识和了解这套口袋书的价值和意义,此其一。

其二,近几年来,有关中国民间信仰的书也出了不少,主要有乌丙安的《中国民间信仰》(上海人民出版社 1995),吕洪年的《万物之灵——中国崇拜文化考源》(广西民族出版社 1996),张广智、高有鹏的《民间百神》(海燕出版社 1997),殷伟的《中国民间俗神》(云南人民出版社 2003)等。

乌丙安的《中国民间信仰》将中国的民间信仰崇拜形式归纳为对自然物、自然力的崇拜;对幻想物的崇拜;对附会以超自然力的人物的崇拜;对幻想的超自然力的崇拜四大类。这种分类概括性强,学术性也强,对学术界有用,但通俗性不够。

张广智、高有鹏的《民间百神》将民间百神分灶神、门神、家神、土地、路神、财神、火神、水神、龙神、福禄寿三星、送子神、城隍、玉皇大帝、风、雨、雷、电、日神、月神、星君、石头神、疫神、花神、草神、鸟神、虫神、树神、兽神、行业神等二十余种,因囿于中原地区,仅具有地方特点,且缺乏概括性。

吕洪年的《万物之灵——中国崇拜文化考源》将民间信仰分为自然崇拜、动物崇拜、植物崇拜、图腾崇拜、器物崇拜、躯体及脏器崇拜、生殖崇拜、数字崇拜、色彩崇拜九大类,且从考源视角切入,具有很高的学术价值,但通俗性也不够。

殷伟的《中国民间俗神》将中国民间俗神分为吉祥神、佑护神、居家神、出行神、婚育神、文化神、动物神、植物神、自然神、行业神十类。这种分类古今相混,传统与现代纠结,缺乏原生意义。

相比之下,华龙君的"民间信仰口袋书系列"分类细、定位准、结构严、资料丰,可谓集中国民间信仰研究之大成。

其三,华龙君的这套口袋书,诸位作者中,有教授,也有博士;有老民俗学者,也有年轻的民俗学者,可谓近年中国民间信仰研究者的一次集中亮相和检阅,反映了中国民间信仰研究队伍的壮大和发展。

其四,华龙君的这套口袋书,对中国民间信仰的重构,可以提供一个资料库,提供一个样本,提供一个指导。这可能是当下非物质文化工作最需要的。

其五,华龙君的这套书定位为"口袋书",顾名思义就是小巧,携带方便,价格平实,人们不用咬着牙、省吃俭用才买得起。

为了中国民间信仰的保护和发展,提起了笔,就刹不住"车"了,是以为序。

徐杰舜

2014年6月

目 录

第一篇 地反物为妖/ 1

 千里寻妖迹 / 3

 千年话老妖 / 33

 妖姿百态生 / 60

 妖术大不同 / 79

第二篇 妖形妖行盛/ 95

 相乃由心生 / 98

 万变不离其宗 / 106

 "妖为鬼蜮必成灾" / 109

第三篇 神器十八般/ 121

 智勇胜妖祟 / 124

 镇妖法宝齐 / 132

非常规之道 / 172

第四篇　妖出与妖没 / 201

降妖高手多 / 203

且看"妖出没" / 223

结语 / 245

后记 / 250

第一篇 地反物为妖

千里寻妖迹

混世魔王,蛟魔王,大鹏魔王,移山大圣,通风大圣,驱神大圣,熊山君,特处士,寅将军,黑熊精,白衣秀士,凌虚子,黄风怪,白骨夫人,黄袍怪,金角大王,银角大王……这些还只是《西游记》里众多"妖怪"里的一部分。

九龙岛四圣,骷髅山白骨洞石矶娘娘,蓬莱岛羽翼仙,一气仙马元,丘引,轩辕坟三妖,梅山七怪……这些也仅是《封神演义》里诸多"妖怪"中的几个。

所谓妖怪,妖和怪是一回事吗?妖精,妖和精是一家"人"吗?

什么是妖?"古人以为一切反常怪异事物的名称。"[①]这是《辞海》给出的解释。《辞海》还引用《左传·宣公十五年》中的一句话作为其定义的依据:"地反物为妖。"

---

① 《辞海·语词分册》,上海辞书出版社1977年版,第1172页。

所谓"地反物为妖",我们可以理解为所出现的事物和现象违背常理,违背伦常,违背世道人情。这里的"妖"是一种概说,泛指所有民间故事中的"妖怪精",并非专指"妖"。徐华龙先生从民间故事分类学的角度出发,对民间流传的"妖怪精"故事进行了整理,将故事主角细分为妖、怪、精。他在《妖、怪、精故事的分类研究》中对"妖"作了如下界定:"如果将妖怪精故事进行粗线条分类的话,可以将与人对立的生物体划入妖类。其表现为性格狡诈、残忍,善于变化,包括形象、性格等方面的绝对相左,有非常人的本领,其形象大多是非人非兽。"[1]这样的划分为进一步深入研究民间信仰中的"妖怪精故事"拓展了新的空间,是民间文化研究,特别是民间故事研究领域的一大突破,使人们明白妖是妖,怪是怪,精是精,它们是三回事,不是一回事。

在深深钦佩徐先生为"妖怪精故事"研究拓展了新的空间,为他不断创新的学术精神折服的同时,笔者还想对"妖"

---

[1] 徐华龙:《妖、怪、精故事的分类研究》,《文化学刊》,2009年第2期。

的界定作一个小小的补充。这个补充其实很简单,就是在"其形象大多是非人非兽"之后加上"似人似兽"四个字,这所加的"似人似兽"四个字也可以理解为"似人非人,似兽非兽"。如《山海经·西次三经》:"又西三百五十里,曰玉山,是西王母所居也。西王母其状如人,豹尾虎齿而善啸,蓬发戴胜,是司天之厉及五残。"西王母"其状如人",但"豹尾虎齿而善啸",又明显不是人。另《山海经·大荒西经》:"人面虎身,有文有尾,皆白……有人戴胜,虎齿,有豹尾,穴处,名曰西王母。"这几个关键词所表述的西王母只能用"似人非人"来定性。如此的形象,加上其职司,即可将西王母定性为"妖"。"似兽非兽"也是如此,如《山海经》里许多给人带来不祥的"异兽",下文会具体展开。类似"非人非兽,似人似兽"的类生物体(妖)还有很多,我们将在相关章节中予以描述。

至此,我们可以对"非人非兽,似人似兽"的"妖"作一小结。首先,其形象实为借助世上存在的动物包括人的形象,或加以增删损益,或突出某一部分,或取各种形象的某一肢体合成新的生物体——故形象丑陋是其一大特征,我们可称之为类生物体,此种类生物体没有原型可溯,完全是一种观念的产物。因此,它们被人打败后也不会"现出原形"。第二,它们性格残忍,专与人类为敌,反人类是其本质属性。第三,具有常人难以企及的超常本领。

由此,还可以有另一个结论,即民间故事里妖、怪、精三者中,妖对人的危害最大,是人类生存的最大的敌人。

妖是如何产生的?也就是说,怎么会有"似人非人,似兽非兽"这种类生物体的?日本学者井上圆了认为:"所谓妖怪者,何义耶?即一切不思议之义。"[1]意思是所谓妖怪就是那些令人不可思议的东西。我们所界定的这种类生物体——妖,就是一种令人不可思议的东西。

要详细地说清楚讲明白"不可思议",或只有像井上圆了《妖怪学》那样的皇皇巨著才能胜任。这里我们只能简而言之,即妖是远古人类的"假想敌"。远古时期,面对频频发生

---

[1] [日]井上圆了:《妖怪学》,蔡元培译,上海文艺出版社1992年3月影印版,第3页。

的各种自然灾害,人们无法知其所以然,只能归因于某种超自然的力量,这种超自然的力量就是人们想象中的妖。

◎ 民间信仰中的妖

妖,是人们想象的产物,在民间信仰中常以负面形象出现。它仇视人类,以破坏乃至毁灭人类的正常生活为生存目的。想象的东西都是虚无的,但是虚无的东西为什么会有那么大的威慑力?其实是人们将属于自己想象中的威慑力让渡给了想象中的物体——虚无物,也就是前文所说的"假想敌"——妖。

这里先说一个故事,既可以使上段论述直观化,又可以让人们理解一般人面对那些虚无物强大威慑力时的心理应急机制。这个故事我们姑且命之为"凶宅"——原来的故事没有题目。

> 淮镇在献县东五十五里,即《金史》所谓槐家镇也。有马氏者,家忽见变异,夜中或抛掷瓦石,或鬼声呜呜,或无人处突火出,飐岁余不止。祷禳亦无

验。乃买宅迁居,有赁居者嬲如故,不久亦他徙。以是无人敢再问。有老儒不信其事,以贱价得之。卜日迁居,竟寂然无他,颇谓其德能胜妖。有滑盗登门与诟争,始知宅之变异,皆老儒贿盗夜为之,非真魅也。①

故事是说,在县城东郊一个叫槐家镇的地方,住着一户姓马的人家,一家人其乐融融地生活了几十年。但不幸降临了:半夜里经常传来砖石瓦块乱抛的声音,有时候还夹杂着"呜呜"的鬼叫声,有时候在没有人的地方突然失火,火势还很大……马家请来佛家的高僧大德、道家的高功法师祈祷禳解,但也毫无成效,一家人无法正常生活。惹不起躲得起,马家只得另外买了房子搬了,将原来的房子租给别人住。可租客入住后还是老样子,住了没多久,租客也退租搬走了。此后,这幢房子再也无人问津,成了一座"凶宅"。

---

① [清]纪昀:《滦阳消夏录》,载《阅微草堂笔记》,中国文史出版社2003年版,第27页。

后来，当地一位德高望重的老先生（老儒）听说了这件事，他怎么也不相信会有这样的怪事，和马家说要买下这幢房子。马家一听，正中下怀，于是就以很低的价钱卖给了他。"老儒"一家住进去以后，太太平平，什么事也没发生。见此，十里八乡的人都说，这是因为老先生高尚的道德压制住了妖祟——正气治住了邪气。谁知，过了不久，事情来了个急转弯。有一天，一个当地很有名的强盗来到老先生的家里，与老先生大吵了一场，人们从吵架的话里话外知道了真相。原来，以前发生的一切，什么乱抛砖瓦石块，什么半夜鬼叫，什么连连失火，都是这位"德高望重"的"老先生"出钱让那个大盗去干的——"老先生"早就看中了这幢房子，为了低价买房而买通强盗，演了一出连台本戏。这次强盗上门就是因为钱的问题。

这个故事印证了一句老话：境由心造。面对不明所以的强大威慑力，"妖"就成了人们心理应急机制的产物。原先的马家因不明所以，无法解释一系列事件的原因，只好归结于妖邪作祟，当时四邻八乡的人大概也都这么认为。这就是

"妖"的一个由来。

从那位"老儒"入住后平安无事的一段情节,相信很多尚未读到事情急转之处的读者诸君,都会认为是"老先生高尚的道德压制住了妖祟——正气治住了邪气",都会对大名鼎鼎的纪晓岚说过的这句话心悦诚服:"鬼魅皆真有之,亦时或见之;惟检点生平,无不可对鬼魅者,则此心自不动耳。"①说白了,就是"为人不做亏心事,半夜不怕鬼敲门"。

纪晓岚还有一句话很值得人们深思:"道家言祈禳,佛家言忏悔,儒家则言修德以胜妖;二氏治其末,儒者治其本也。"②纪晓岚尊崇儒家,主张以德胜妖,破心中妖魅。话是不错,连同上面的,两句话都不失为至理名言,但问题是,当"德高望重"只是一种伪装时,却促成了人们对于妖祟的认同。试想,如果没有"东窗事发",那么"凶宅"的妖祟之说将

---

① [清]纪昀:《滦阳消夏录》,载《阅微草堂笔记》,中国文史出版社2003年版,第27页。
② [清]纪昀:《槐西杂志》,载《阅微草堂笔记》,中国文史出版社2003年版,第146页。

一直流传扩散开去。因此,"以德胜妖"应该有一个前提,即"德高望重"应是实至名归的。不过故事最后将骗局点破,多少也透露出些妖本为人之所想象的意味。

如前文所述,妖既为人之"假想敌",那至少有两层意思:一为"假想",一为"敌"。"假想"除"老儒"这一例,还表现在指称不定上。民间故事中关于妖怪的故事不少,但故事中叫妖怪的不一定是妖,而是精或怪。流传于黔东南苗族地区的传说《花带》中,那个使用法术使露娜的男友阿略变成一条花带的,说是一个妖怪所为,但故事最后却点明它是一只大乌龟——乌龟精。另外一种是故事中没有点明是妖,但实际上就是妖,比如同样在苗族中流传的一则故事,名字叫《祭假坟》。故事中被李老三整死的公野人和母野人其实就是"不知吃了多少人"的一对妖孽。[1]

---

[1] 黔东南州文艺研究室主编,杨鬃编:《风俗的起源》,上海文艺出版社1988年版。

关于"敌",具体表现在民间流传的有关妖的故事里,其模样都很吓人,这反映了人们对未知事物的恐惧。如纳西族故事《魔穴救姑》,力大无穷的恶魔独阿八身子像黄铜一样硬,拔棵大树像拔一棵草,四五个人合抱的大树在它眼里只是一根小柴,一只马鹿只是它的一个小菜。[①]

同样,出于人们的恐惧心理,民间故事里妖的本领都极为强大,都有一种超自然的力量。如羌族故事《熊娃娃》,山沟里有一条恶龙,每年都要出来吃人。恶龙很凶,它一吹起风,山上合围的大树也要被它吹断;它一吐火,石头也会被烧成灰;它一吸气,老虎豹子都会被它吸到肚皮里头。[②]凡此种种,不胜枚举。

最后,民间信仰最大的一个特点,也是各种神异故事、民间故事的主题,就是人争取生存权利、惩恶扬善,结局都是人打败了作为敌的妖,取得了胜利。这反映了人们对美好生活

[①]《中华民族故事大系》第九集,上海文艺出版社1995年版。
[②]《中华民族故事大系》第十一集,上海文艺出版社1995年版。

的向往,对征服恶势力的渴望。

◎ 妖非中国土特产

作为一种观念产物,妖并不是中国文化独有的现象,世界各种文化中都有它的行踪。这是由人类进化过程的一般规律和共性所决定的。人类由于智力、见识和思维所限,对于自然界和周围各种难以解释的、给他们带来无妄之灾的现象,虚幻出了"妖"这一观念性的存在物。

先来看看希腊神话里的妖。

最著名的当属荷马史诗《奥德赛》里的海妖塞壬,人身鸟足,有时也被描绘成美人鱼形象;它拥有美丽的歌喉,常用歌声摄人魂魄,蛊惑着水手们的灵魂。据说,当听到海妖们唱起优美的咏叹调时,水手们会不约而同地放下手中的船桨与船舵,不可思议地纵身大海,将生命转瞬化作一片起伏的波涛;海妖还会诱惑过路的航海者,使航船触礁沉没。

据《奥德赛》中描述,女妖居住在位于墨西拿海峡附近的海岛——死亡岛上。特洛伊战争的希腊英雄之一奥德修斯在战争结束后率领船队回国,途中要经过海妖所在的岛屿。奥德修斯事先已经得知海妖塞壬致命的诱惑,并深知即使意志再坚定也难以抵御海妖的歌声。因此他听从巫师喀耳刻的建议,采取了谨慎的预防措施:在船只快要到达听得见海妖歌声的地方,奥德修斯令人把他拴在桅杆上,并吩咐手下兵士用蜡把各自的耳朵塞住,同时告诫他们在经过死亡岛时不要理会他的命令和手势。

死亡岛临近了,奥德修斯听见了迷人的歌声,他绝望地挣扎着,命令手下解除自己身上的束缚,叫喊着让船只驶向正在繁茂草地上唱歌的海妖姐妹。按照奥德修斯先前的吩咐,没人理睬他。兵士们驾驶船只一直向前,直到最后再也听不到歌声时,他们才给奥德修斯松绑,取出各自耳朵中的蜡,继续前进。奥德修斯和他的手下一行逃过了一劫。

另外还有一则关于海妖的希腊神话。阿耳戈的英雄们在得到金羊毛后的返程中,路过海妖所在的岛屿,由于早就知道海妖歌声的致命诱惑力,所以,当船航行在海妖歌声覆盖的区域时,歌手俄耳甫斯用自己优美的歌声盖住了海妖的歌声,吸引住同伴们,躲过了海妖歌声的诱惑。

希腊神话中,除了海妖,另外还有一些代表性的妖祟:

墨杜萨,女妖,任何人与它的眼睛对视,都会变成石头,后来它被英雄珀尔修斯砍了头。

勒耳那蛇,希腊神话中的九头怪蛇,住在勒耳那沼泽里。它凶猛异常,身躯硕大无比,经常上岸糟蹋庄稼,危害牲畜和当地百姓。它长有九个头,其中八个头可以砍死,而第九个头却是砍不死的。每砍断一个,又会长出两个来。后来,英雄赫拉克勒斯在他助手的帮助下,在砍断第九个头之后,立即用点燃的木桩烧灼创口,才把它杀死。

拉弥亚,古希腊神话中一个半人半蛇的女妖,上半身为娇艳女性,下半身却是蛇类,在西方文化中以猎杀小孩闻名。它还会变幻出种种妖媚的姿态诱惑青年男子,然后吮吸他们的鲜血。在古希腊、罗马的神话中,有很多像拉弥亚般有着杀害孩童这种恶行的女妖。

再来看看流传在北欧地区神话中的有名的"北海巨妖"：

北海巨妖，有记载说它身长足足有 15 米（一说 150 米），平时伏卧于海底，偶尔会浮上水面。当它浮上水面的时候，有些经过附近水域的水手会误把它的身体当作一座小岛，有的甚至会弃船上岛，在上面安营扎寨、嬉戏休憩。结果，在它沉下去的时候，水手们随之一起葬身海底。据说，北海巨妖有着巨大的触角，可以把一艘很大的船抓入海底。中世纪英格兰国王阿尔弗雷德大帝曾有诗句感慨这可怕的北海巨妖：

> 在深不可测的海底
>
> 北海巨妖正在沉睡
>
> 它已经沉睡了数个世纪
>
> 并将继续安枕在巨大的海虫身上
>
> 直到有一天海虫的火焰将海底温暖
>
> 人和天使都将目睹
>
> 它带着怒吼从海底升起
>
> 海面上的一切将毁于一旦

北海巨妖畸形的体貌、残忍的性格和与人类为敌的本性,将其妖性展露无遗。

斯芬克司是古希腊神话中以隐谜害人的妖物。主神宙斯的妻子、天后赫拉派斯芬克司坐在忒拜城附近的悬崖上,拦住过往的路人,用文艺女神缪斯所传授的谜语问他们,猜不中者就会被它吃掉。这个谜语是:"什么动物早晨用四条腿走路,中午用两条腿走路,晚上用三条腿走路?腿最多的时候,也正是他走路最慢,体力最弱的时候。"如果你回答错误,就会被它杀害。这个谜语的答案就是:人。在早晨——生命的最初,即婴儿时期,只能用两条腿和两只手爬行;到了中午——在壮年,人用两条腿走路就行了;到了傍晚——年老体衰,必须借助拐杖走路,所以被称为三只脚。斯芬克司之谜后来常被用来比喻复杂、神秘、难以理解的问题。

最初源于古埃及的斯芬克司,被描述为长有翅膀的妖物。当时传说中的斯芬克司有好几种形象——人面狮身、羊头狮身、鹰头狮身。亚述人和波斯人则把斯芬克司描述为一头长有翅膀的公牛,人面络腮胡,戴有皇冠。而希腊神话中的斯芬克司则是狮身、蛇尾、人面,背上生着两只老鹰翅膀,它拥有女性特征的头和胸部,而且可以说人的语言。总之,非人非兽、似人似兽的斯芬克司复合了各种形象,且专门害人,无疑是妖类的成员。

日本号称有八百万神灵,妖怪传说不计其数。第一位将妖怪作为一门系统科学来研究,并称之为"妖怪学"的,是日本近代学者井上圆了。现在,"妖怪学"已经作为日本文化人类学的一个分支正式确立,并在众多高校展开授课,不光日本学生,别国的学生也听得津津有味。不过,日本"妖怪学"所研究的对象仍是"妖、怪、精"混沌一体的传统的妖怪,未曾切割过。

在西方文化语境中,也没有与中国的"妖"完全对应的词,有些仅是意义相近,如 monster(怪物)、devil(魔鬼)、demon(恶魔)等。再重新审视之前所述希腊神话中的妖,其实与中国的妖也有诸多异处。

古希腊神话的妖皆为女妖,这是因为它们是"一群与'文明'相对立的边缘化的'他者'……女妖的设置是古希腊时期女性的政治地位在文学上的反映,其目的正在于从文化方面教化女性对男性权威的绝对服从,并给当时社会里试图颠覆男性权威的强悍女性以警示"。[①] 也就是说,在古希腊文化中,女妖形象是一种文化隐喻,反映男性地位上升女性地位下降时期男性对女性的贬低和打压。中国民间故事里的妖是专与整个人类为敌的恶的代表,在当代人眼中就是当时人们无法预测、无法抵御而屡受其害的各种自然灾害,如地震、风灾、旱灾、水灾、海啸、传染性疫病等等。此外,还有人们无法解释的种种自然现象,如大山里的重重迷雾、白天和黑夜的交替、太阳和月亮的轮流高悬、日食月食,以及各种生物(动物和植物)的生息……若这些自然现象的某种变化正好与人们遭遇的某种不幸巧合,妖祟、邪魔就成了"不幸"背后的操纵者,人们就会认为是它们在作恶。

◎ "聚精会神"类文本中的妖

中国历代的野史笔记、志怪志异以及神魔小说,天马行

[①] 李昌其:《边缘的"他者"——希腊神话中的女妖形象解读》,《怀化学院学报》,2010年第7期。

空,极尽能事地汇聚了形形色色的精怪鬼神,可谓"聚精会神"。但细察之下,这些文本中蹈虚凌空而来的妖却少有踪迹。其中原因何在?

雨露之润、风霜之力、日月之光,皆有能量;加上岁月的转轮,它们能改变世间事物的结构,引起量变甚至质变。古人似乎已经懂得其中的道理了,而且他们利用这些道理和自己的想象相结合,并且发挥到极致,于是便有了"千岁之雉,入海为蜃;百年之雀,入海为蛤;千岁龟鼋,能与人语;千岁之狐,起为美女;千岁之蛇,断而复续;百年之鼠,而能相卜"[1]等一系列匪夷所思的精怪神鬼故事。这些故事能得以流传至今,实应归功于历代的记录者。

但是,成也萧何,败也萧何,"聚精会神"类文本中之所以少有妖的踪迹,也正是因为故事记录者的过滤。后世之志怪、神魔小说很少如《山海经》那样,无远弗届地驰骋想象而使描述对象千形万状。后世作品所描述的与人们的现实社

---

[1] [晋]干宝:《搜神记》卷一二,中华书局1979年版,第146页。

会生活趋近,其更讲究精怪皆有来历,有原型,因客观原因如日月精华之陶铸,或主观原因如修炼多年等等而成精成怪。早期的志怪小说,皆为文人自民间记录所得。当时民间流传的妖故事和精、怪故事肯定所在都有,只是记录者落笔时,排除了纯粹出于想象的"妖"而花大力气记录那些有"来历"的"精"和"怪"。他们这样做,无疑暗合了"无一字无来历"的儒家正统观念。如此,既能充分发挥自己书写的才能,又能留在儒家的阵营里受人尊敬,立足于社会,有百利而无一弊。只是这样一来,民间流传的、反映人类抗击各种自然灾害的缩影的妖故事也就所剩无多,只见"精"、"怪"满纸,"妖"在其中只是一种"微量元素"。

从最早的《齐谐》开始(以下书名排序不分先后),《续齐谐》、《搜神记》、《拾遗记》、《神异经》、《汉武帝内传》、《洞冥记》、《博物志》、《列异传》、《玄怪录》、《酉阳杂俎》、《西游记》、《四游记》、《封神演义》、《三遂平妖传》、《三宝太监西洋记》、《七曜平妖传》、《太平广记》、《夷坚志》、《续夷坚志》……从微型小说到长篇小说,从原生态的精怪故事到文人创作的神魔小说，都是神、仙、鬼、精、怪的天下，妖几无存身之地。

谓予不信，有书为证。《西游记》是神魔小说的巅峰之作，有以天上飞的、地上爬的、水里游的生物为原型的各种精，如大鹏金翅雕、野牛精、熊罴精、老虎精、鹿力大仙、羊力大仙、奔波儿灞（鲇鱼怪）、灞波儿奔（黑鱼精）、黑河妖鼍（北海龙王敖顺的外甥）等等；有以各种植物为原型的，如十八公（松）、孤直公（柏）、凌空子（桧）、拂云叟（竹）、杏仙（杏）、鬼使（枫树）、杏仙丫鬟（两株腊梅、两株丹桂）；而妖，书中只有混世魔王等为数极少的形象。即使有说到"妖"字，也多附于"精"、"怪"之上，以"妖精"、"妖怪"等形式出现。其实质与妖无涉。而依据徐华龙先生"精是自然界的有生命的物体变化而来"[①]的分类标准再细辨，包括上面的鲇鱼怪在内的以"怪"名之的、以有生命的物体为原型的虚拟生物体皆属于"精"。

《搜神记》是最早的一本志怪小说，但里面除了第十六卷

---

① 徐华龙：《妖、怪、精故事的分类研究》，《文化学刊》，2009年第2期。

的一篇《汝阳西门亭》可以算作妖故事外,其他篇目中则鲜有妖的踪迹了。

唐朝人牛僧孺的《玄怪录》写的基本上也都是精和怪,特别是稀奇古怪、无奇不有的"怪",其想象力实在令人叹为观止。如书中的一篇《元无有》,写的是主人公元无有避雨荒村,夜半时分见有四个人在联句吟诗,天亮之后他才发现那四位高雅之士原来是所居主人家里捣物所用的棒槌、蜡烛台、水桶和破平底锅。按照徐华龙先生的定义,无生命的物体变化可以划入怪类①,这四位"高士"应属于"怪"。书中类似诙谐、荒诞的情节颇多,精怪多姿多彩,但妖的形象却踪影全无。

◎ 民间故事妖迹多

明朝中叶,社会上兴起了奉佛从道思潮,神魔小说风靡盛行。这些文本既有荒诞变幻的神奇描写,又具有一定的历

---

① 徐华龙:《妖、怪、精故事的分类研究》,《文化学刊》,2009年第2期。

史内容和道德寄托,只是遗憾的是,从《山海经》开始的记录人类与假想敌"妖"抗争的故事被弱化、被边缘化了。尤其是中原地区,妖故事被历代文人在他们撰写的文本中基本过滤掉了,但在民间,特别是许多少数民族地区仍在流传的故事中能见到不少妖。个中原因,一是其生活的环境险恶,各种无法知晓成因、人力更是无法控制的危害生存的自然灾害屡屡降临,人们为求生存,只有奋起抗争,而在抗争的过程中,各种幻影、想象、疑虑等等都会出现,妖在这一过程中自然成了"在场"的重要元素;原因之二,这些故事都是以原生态形式存在,多口耳相传,没有经过文人笔端的过滤,妖的形象和妖故事也就能够得以幸存了——我们现在之所以还能读到这些原生态的故事,虽然也是书面的,但却是经过之后民间文化工作者原汁原味地采录留存的,并不是像历代文人那样选择性地、过滤性地笔之于书。

少数民族民间故事中的妖名称各异,如达斡尔族的莽盖、毛南族的巴亚变(妖婆)等等。除了孽龙之类作为妖祟的一种出现外,"妖怪"、"妖魔"、"巨魔"、"恶魔"等也是常见的通用名称。

少数民族民间故事中凡有妖这一形象出现的,大抵有两大主题:一是人们为求生存,与妖祟血战到底,最后战而胜之,人类得以继续生活;二是惩恶扬善,伸张正义,除暴安良,人类打败作恶施虐的妖祟,良性生存秩序得以延续。

先看一则哈萨克族民间故事《迦萨甘创世》:

迦萨甘先创造了天和地,后来又用自身的光和热,创造了太阳和月亮,从此天和地便得到了光明和温暖。迦萨甘又在大地的中心栽了一棵"生命树",然后就有了人,有了各种飞禽走兽、花草树木。

自从大地上有了人类和万物,便呈现出一派生机勃勃、无限美好的景象。这时,有个巨大的恶魔——黑暗,它对大地上的光明美好的生活十分憎恨,对大地的主人——人类得到的殊遇十分嫉妒。它违抗迦萨甘的旨意,从天外偷偷地闯进来,把大地笼罩在一片漆黑之中。它用各种灾害、疾病威胁大地的主人——人类和花草树木、飞禽走兽等一切生物,尤其可怕的是,它还用死亡来残害生灵,使人类陷入极度的恐慌不安之中。

迦萨甘见恶魔如此凶残,便立即派遣太阳和月亮去征战恶魔。太阳原是一个强悍刚烈的男性,月亮则是一个温柔恬静的姑娘,他们每天高悬中天,久久相望,早已产生了爱情。虽然处在热恋之中,但太阳和月亮还是接受了迦萨甘的旨意,承担起拯救人类的重任,肩并肩去迎击恶魔。由于恶魔本领超强,气焰嚣张,双方搏斗,来来去去,进进退退,十分激烈。

迦萨甘看到太阳和月亮与恶魔斗得如此艰苦,他怒不可遏地拿出自己那张叫做"迦扎依勒"的弓箭,狠狠向恶魔射去……恶魔黑暗退却了,它再也不敢在太阳和月亮当空的时候来到人间了。[①]

再请看一则满族民间故事《天池》:

从前有个专门吃火的妖魔,它走到哪里就把哪里的火吃掉,那个地方就变成了冷冰冰的世界。这年,这个妖魔来到

---

① 据陶阳、钟秀:《中国神话》,上海文艺出版社1990年版。

了长白山下,天上的电火让它吃了,天就不下雨了。山上的野火让它吃了,气候就冷了起来。它又要把这一带人间的烟火吃掉,让这里的老百姓吃不到熟食,得不到温暖,全部冻死。长白山的老百姓联合起来,用雪球、冰块打它——它最怕这些冰冷的东西。后来,这专门吃火的恶魔终于被人们抓住了,并在七月十五那天被埋进了几百丈深的地下。可是,那个恶魔没有死,相反,它在地下吃了很多地下火,变得更厉害了。为了报复,每年到了埋它的日子——七月十五那天,它便用浓烟冲破山峰,然后把它一年中吃进去的地下火全部喷了出来,大火烧毁了山林、花草、鸟雀、野兽,吞噬了牛羊、田园、村舍。直到九九八十一天之后,火喷尽了,烟吐完了,才停了下来。第二年到时又是如此……于是,长白山变得光秃秃的,所有生命几乎都灭绝了。除了在妖魔喷火的日子,方圆几百里都能烤死人外,其余的时间都是滴水成冰,寒气逼人。

人们远远地离开了长白山,能够活动的范围越来越小。为了生存,这年春天,族中首领召集了全族的人来商量对策。

这时,一个年仅十七岁、名叫日吉纳(满语杜鹃花的意思)的女孩走出人群,说道:"为了百姓的生存,为了夺回我们的宝山,我要去请求神人的帮助,除掉这个妖魔。"

日吉纳骑上村里人送给她的一匹快马,跑了很多天,来到一高高的山顶,那是风神住的地方。日吉纳向风神请求说:"请救救我们吧,把长白山的大火吹掉吧!"风神答应了,在火魔喷火的日子,长白山上刮起了山摇地动的大风。谁知,大火不但没有被吹灭,反而越来越大。风神累得大口喘气,只好说:"不行啊,姑娘,你去找雨神来帮忙吧!"

日吉纳又快马加鞭地奔向大海,请求雨神浇灭长白山的大火。雨神答应了她的请求。第二年火魔喷火的日子,长白山上下起了瓢泼大雨,可是那雨落到火上,便化作一阵阵雾气飘走了,火还是越烧越旺。雨神要日吉纳去找雪神来帮助。

第三年春天,日吉纳又骑着快马朝西北的大冰山而去。见到雪神,她跪倒在地,说道:"请救救我们吧,把长白山的大火用冰雪灭掉吧!"雪神答应了她。火魔喷火的日子,长白山上下起了漫天的冰渣雪花。可是,还没等那冰雪落到大火上,就全都融化了,火,照样地喷着……

日吉纳毫不放弃,她向天鹅借来了一对翅膀,向高高的天庭飞去。她要去请求天帝把长白山的火魔降服。天帝对她说,只要她能豁出自己的一切,长白山的大火就能灭掉。日吉纳坚定地对天帝说:"我什么都可以豁出——我的血,我的汗,我的生命!"天帝说:"好吧,我给你一块最冷最冷的冰块,等火魔张口喷火的时候,你就钻进火魔的肚子里,只有把它的心冻僵了,才能把它降服,把大火扑灭!"

日吉纳抱着天帝给她的冰块,回到了地上。这一年的七月十五,火魔又张开了大嘴,把熊熊的大火向高高的天空喷去。日吉纳牙一咬,向着火魔飞去。靠近了,更近了,浓烟熏得她睁不开眼睛,大火烧焦了她的头发。她攒足力气,瞅准火魔的大嘴,一头扎了进去,钻进了火魔的肚子里。不一会儿,只听得一声巨响,烟住了,火停了……于是,山青了,草绿了,花红了,鸟叫了,长白山又恢复了原来的样子。人们永远地怀念日吉纳。①

《迦萨甘创世》和《天池》两则故事,都是表明人类为了正常地生活,正常地享用阳光、空气、青山、绿水,以及四季分明的春夏秋冬,而与屡屡破坏这一切的妖祟恶魔斗争不息。这反映了古代各种自然灾害频发给人类带来的灾难,同时也反映了人类对战胜各种灾害的渴望。

纳西族民间故事《俄英杜努斗猛妖》体现了惩恶扬善的正能量:

人类祖先传到俄高乐一代,便有了俄英固蕊九兄弟。他们九兄弟在高山上放牧山羊、绵羊、牦牛,自由自在。不料,山里出了一个猛妖,叫阿忍莫果桑。一天,九兄弟的舅舅丢了一头黑母牛,他们九个人便带着九只猎犬去寻找。牛没有找到,一个兄弟和一只猎犬却被猛妖吃掉了。第二天,八个兄弟带着八只猎犬再去寻找,结果,又有一个兄弟和一只猎犬被猛妖吃了。后来,剩下的兄弟不甘心,一次又一次地带

---

① 据陶阳、钟秀:《中国神话》,上海文艺出版社1990年版。

着猎犬去寻找,但每一次都被猛妖吃去一个兄弟和一只猎犬,直到最后,九个兄弟和九只猎犬都成了猛妖的腹中食。

俄氏家里还有一个聪明漂亮的姑娘,叫俄英杜努。她见九兄弟都被猛妖吃了,又气又恨又伤心,发誓要去报仇。她带上刀,穿上漂亮的衣服,包上绣花的头巾,戴上闪耀的银耳环,套上晶莹的玉手镯,穿上闪亮的金鞋,手里拿着梳妆用的宝石镜,哼着曲子,向山头走去。俄英杜努正走着,迎面碰到了骑着一头山骡的猛妖阿忍莫果桑。经过一番对话,猛妖向俄英杜努求婚了。想用智取的俄英杜努假意答应,随同猛妖来到它居住的九重大岩洞里。看到岩洞里九个兄弟的九个头颅、血水、九副弓箭和九只猎犬的九个项圈,俄英杜努很是伤心,不知实情的猛妖不停地哄着她。俄英杜努慢慢地引过话茬,问猛妖最担心的是什么。愚蠢的猛妖全部"招供":"在我这里,卧床的床边敲不得,空闲的毡帘打不得,空碓舂不得,空锅炒不得,细针折不得,细线拉不得。"说到这里,猛妖忽然感到有些不对劲,就问俄英杜努为什么问这些东西,俄英杜努装作毫不在意的样子说:"我才不关心你的这些事呢,我只关心我的花头巾、银耳环、玉手镯和宝石镜。"猛妖信以为真,也就不放在心上。

趁着猛妖不注意的时候,俄英杜努拔出刀,狠敲床沿,狠打空毡帘,又炒起空铁锅,舂起空石碓,折断细针,拉断细线。眨眼间,屋里的东西倒的倒,垮的垮,稀里哗啦,乱成一片,猛妖也被乱七八糟的东西埋进去了。俄英杜努拿起九个兄弟的头颅、血水、弓箭和狗项圈,跑下山来。再说猛妖阿忍莫果桑并没有被压死,从破烂堆里钻出后,立马叫上几十个小妖,一路追来。到了第一个坡,眼看要被追上了,俄英杜努将九个头颅往后一丢,头颅像滚石一样砸向妖群,死了几个小妖。到了第二坡,俄英杜努把九碗血水往后一泼,血水顿时化成了洪水,又淹死了几个小妖。猛妖阿忍莫果桑涉过洪水,追到了第三坡。俄英杜努把九个狗项圈往后一丢,又箍死了几个小妖……到了第九坡,猛妖又追上来了,俄英杜努再也没东西了。

她眉头一皱,想起一条妙计。她径直跑到龙部落苏徐蕊家,她要用苏徐蕊家的花雄野猪来对付猛妖。猛妖追上来了,俄英杜努刷地拔出刀,将一只小猪的耳朵割了下来,小猪疼得满地乱窜,花雄野猪听到小猪的叫声,马上跑了出来,这时猛妖正好追到这里,迎面撞上花雄野猪。花雄野猪见小猪耳朵没了,疼得乱窜,就以为是猛妖要吃小猪,立刻怒吼一声,张开大嘴,用像利剑一样的钢牙,冲向猛妖,一顿乱撕乱咬,凶恶的猛妖阿忍莫果桑和那些小妖碎成了千百段……①

千年话老妖

◎ 妖之"祖庭"——《山海经》

《山海经》②是我国先秦时期的一部重要古籍,主要涉及古代神话、地理、物产、巫术、宗教、古史、医药、民俗、民族等方面的内容。《山海经》全书十八卷,具体成书年代及作者已难以确认,说法亦有多种:如顾颉刚等人认为作者为秦国地区人;有人认为应是燕国、齐国地区的人;袁珂先生

---

① 《中华民族故事大系》第九集,上海文艺出版社1995年版。
② 本书所引《山海经》原文、解释等皆据袁珂先生《山海经校注》,上海古籍出版社1980年版。

认为:"以今考之,实非出一时一人之手,当为战国至汉初时楚人所作。"①

就是关于《山海经》本身的定位,也众说纷纭。有人认为《山海经》是一部地理历史著作,对远古地理进行了描述。还有人认为它是古代的一部"百科全书",或是一部古代科技史。各种说法都有一定的依据,而其中最不容否认的就是《山海经》记述了许多神话故事传说。可以说,古代中国神话基本来源就是《山海经》。《山海经》反映了远古初民意识中的世界,所以在后人看来实在难以想象,长期被认为是一部荒诞不经的书。司马迁就说过这样一句话:"《山海经》所有怪物,余不敢言之也。"意思是,《山海经》里的异闻怪事太多,若权作史书来看,难以为据,故"不敢言之"。明朝学者胡应麟也认为《山海经》是"古今语怪之祖"。清纪晓岚编《四库全书》就将《山海经》归于志怪小说一类。如此看来,《山海经》可谓是妖之"祖庭"。

---

① 袁珂:《中国神话传说词典》,上海辞书出版社1985年版,第32页。

《山海经》中的妖是人类初期意识的反映,是远古初民对各种自然现象想象的产物,反映了那个时代人类对周围世界的认识,所以,除了"以人为食"外,妖的"早期的故事内容,大都表现了吉兆和凶兆的传统思想观念,也就是说故事是为思想观念服务的"。[①]

这里就列举一些《山海经》中诸妖的形象和作派吧。

西王母是《山海经》中众妖之首,本节"'万妖之母'——西王母"有详述,此处从略。

计蒙:人身,龙首,"恒游于漳渊,出入必有飘风暴雨"。

相柳:又称相繇,蛇身九头,能同时在九座山头吃东西,凡是经过它喷气止息的地方,就会成为沼泽,气味"不辛乃苦",各种禽兽都无法居住。

雍和:状如猿猴,"赤目,赤喙,黄身",它一出现,国家就会发生大恐慌。

獓狠:模样似牛,但有四只角,白身,身上的毫毛犹如披

[①] 徐华龙:《妖、怪、精故事的分类研究》,《文化学刊》,2009年第2期。

着一件蓑衣,会吃人。

长右:状如长尾猿,有四只耳朵,发出的声音就像人在呻吟,它若出现"则其郡县大水"。

蛊雕:模样像只老鹰,但头上有角,"其音如婴儿之音,是食人"。

土蝼:"状如羊而四角",会吃人。

蠱蛭:状如狐狸,"九尾、九首、虎爪",会吃人。

朱獳:样子像狐狸,却长有鱼的鳍,它鸣叫的声音是自呼其名。它一旦出现在某个地方,那个地方就会发生恐慌。

蜚:形状像牛,头部全白,只有一只眼,蛇的尾巴,它走到水边,水就干涸;走过草地,草就会枯死。它若出现,就会发生大瘟疫。

峳峳:样子像马,却有四只角、羊的眼睛、牛的尾巴、狗的声音,"见则其国多狡客"。

朱厌:形状像猴子,白色的头颅,赤红的双足。它若出现于某地,该地即有兵燹之灾。

鸀:样子像鹞鹰,脚像人的双手。它若出现,该地的才智之士就会遭到放逐。

人面鸮：人的脸，猴子的身形，狗的尾巴，"见则其邑大旱"。

颙：模样像枭，长着人的脸，一对耳朵，四只眼睛，"见则天下大旱"。

……

这些妖长得虽怪，但也大抵是在常见生物基础上的想象，也无非是多了两只角、两只耳之类；而它们对人的影响也大多是吃人、兴灾，是站在人的敌对面的。这些都符合文章开篇就对妖作的几点小结。《山海经》是传说中妖类的渊薮，不言而喻。

◎ "万妖之母"——西王母

关于西王母的最早文字记录是《山海经》。《山海经》中提到"西王母"一共有三处，具体如下：

> 又西三百五十里，曰玉山，是西王母所居也。
> 西王母其状如人，豹尾虎齿而善啸，蓬发戴胜，是司

> 天之厉及五残。(《西次三经》)
>
> 西王母梯几而戴胜,其南有三青鸟,为西王母取食。在昆仑虚北。(《海内北经》)
>
> 西海之南,流沙之滨,赤水之后,黑水之前,有大山,名曰昆仑之丘。有神——人面虎身,有文有尾,皆白——处之。其下有弱水之渊环之,其外有炎火之山,投物辄然。有人戴胜,虎齿,豹尾,穴处,名曰西王母。此山万物尽有。(《大荒西经》)

《大荒西经》中还有一处只提到以它的名字为名的山,没有西王母的具体描写,即:"有西王母之山、壑山、海山。"

先看《山海经》里西王母的形象:"豹尾","虎齿而善啸","人面虎身","蓬发戴胜"——拖着一条豹子尾巴,露着两排虎牙,甚至是人的面孔、老虎的身子,经常发出像老虎那样的声音;满头乱发上插着玉制的发饰,还有一只三青鸟专门为它取食送饭——半人半兽。

接着看它的居处:"穴处",即住在山洞里,山洞的下面有一条名叫弱水的河环绕着,外面是一座"火焰山"。

再看它的职司:"司天之厉及五残",即掌管瘟疫、疾病、死亡和刑杀的职责。"五残"是一种妖星、凶星,是不祥之兆。《开元占经·妖星占》有"五残占",引用各种占星书备述"五残"的妖异,如《河图》:"五残主奔亡。"又说:"五残出,四蕃虐,天子有急兵。"《春秋合成图》:"五残,主乖亡。"《黄帝占》:"五残出,则兵大起,其出也,下有丧,北出,则东北方失地。"《史记正义》:"五残……见则五分毁败之征,大臣诛亡之象。"《山海经》所谓西王母司五残,即主管五残妖星以降灾于人类——以与人为敌为天职是妖的本性特征。

西王母"其状如人",加上它的职司,充分体现了"在人们的观念中,妖是独立于人之外的一种具有生物特征的形象,存在于另外的世界之中……干扰、破坏人们的生活"[①]。西王母"人形"、"虎齿"、"豹尾"、"人面虎身"等半人半兽的形象说明它性格狡诈、善于变化,这也是妖的一大特征。

西王母所居之处"万物尽有",妖的贪婪之性一语道尽。

---

① 徐华龙:《妖、怪、精故事的分类研究》,《文化学刊》,2009年第2期。

关于《山海经》中的西王母,有人认为它是众神之首,有人认为它是某一远古部落首领,笔者也曾认为它是一位女性山神。但经过这些年的潜心研习,基于妖怪精故事最新分类标准和上述分析,笔者更倾向于将《山海经》中的西王母(仅指《山海经》中的西王母形象)定性为妖,而且是"万妖之母"——因为它是《山海经》中名头最响的一位。

日本学者井上圆了曾经说过这样一段话:"妖怪之定义,既为异常,而且不思议(即"不可思议"——引者注)。然则,何以分不思议于思议?区异常于寻常耶?曰:是决无一定之标准。何者?通俗之所谓妖怪,随人与世而变迁:甲之所妖怪,乙不妖怪之;昔日之所妖怪,今日不妖怪之。则妖怪之有无,非在物而在人,非在于客观而在于主观。"[1]

妖本来就是人们主观意识的产物,并非客观的存在物,随着社会的发展,人们的认识、意识也会逐步改变,故妖的定

---

[1] [日]井上圆了:《妖怪学》,蔡元培译,上海文艺出版社1992年3月影印版,第4页。

义没有一定标准。这就是井上圆了先生这段话的主旨。正因为妖"随人与世而变迁……昔日之所妖怪,今日不妖怪之",西王母的形象和身份随着社会的发展和世事的更迭,发生了根本性的变化。

在长期的历史发展中,西王母传说演变的轨迹十分显著。两汉至魏晋南北朝时期是西王母传说演化的重要阶段。其间,人们把西王母传说和周穆王、汉武帝联系起来,其形象逐渐人格化、传说故事化,其中周穆王和西王母在瑶池相会的故事广为流传,影响很大。道家把西王母纳入道教体系后,其形象逐渐完善,从半人半兽一跃成为美貌绝世的女仙——王母娘娘。也就是说,汉魏六朝这一时期完成了西王母从"万妖之母"到"群仙之首"的演化过程,此乃后话。

◎ *千年老妖——太岁*

"别在太岁头上动土"是一句风险级别非常高的警示语,有传说为证。

先说一个《酉阳杂俎·续集》中流传极广的故事：

山东莱州即墨县(今青岛即墨市)有王丰兄弟三人,老大王丰素来不信方位之类的禁忌。一次,他在挖一个坑时竟然挖到了太岁头上。只见一个肉块,大如笆斗,蠕蠕而动。见此情形,王丰就用土加以回填,想把它重新埋回地下。但那肉块一会儿工夫就膨胀开来,溢出土外。这下子王丰害怕了,马上扔掉工具逃出门去。结果,过了一夜,那个肉块竟然塞满了整个庭院,而王丰兄弟以及家里的奴婢在几天之内全部暴死,只留下了一个女儿。

第二个故事是金代元好问在《续夷坚志》中记录的：许州有一个名叫何信叔的人,是金承安年间的进士。父亲去世以后,他回到家乡守墓尽孝。一次,他发现庭园中每夜都有神秘的光,于是"率童仆掘地,深丈余,得肉块,如盆大,家人大骇,急急埋之"。不久何信叔病亡,妻子及家属十余人相继病故。一些有见识的人就说,那个肉块就是传说中的"太岁"。

还有一个小故事,清人王有光的《吴下谚联》有一则记载：有一个农民到田间除草,见庄稼中杂有一株小草,就用锄头锄去了。不料回家后即发高烧、说胡话,嘴里一直说着"太岁头上动土,太岁头上动土"。家人惊骇之下,大破钱财,百般献祭,才得以治愈。这太岁是不是很厉害?

在中国民间,"太岁"向来最为神秘莫测,你不知道它在什么地方,它却能在冥冥之中支配和影响你的命运,好一个"太岁如君,为众神之首,众煞之主,有如君临天下,不可冒犯"。正因为如此,民间的太岁信仰、太岁禁忌遍布日常生活的方方面面,除了动土造房、迁移嫁娶,连妇女生孩子、倒污水等都不能面向太岁方位。

太岁究竟是何方神圣,竟有这么大的邪性?太岁源于古代天体崇拜。中国古代天文学中的太岁最初是指木星,后来人们假拟了一个天体,它和岁星(木星)相对且相反运行,更方便正确纪年,太岁运行的方位也就衍生出民间诸多禁忌。而前几个故事中提及的肉块,民间认为其就是太岁化身,将太岁这个妖赋予了没鼻子没眼的大肉块形象。如果在太岁所在的这个方位动土就会惊动太岁,就会有大祸上身。这就是"太岁头上动土会有灾祸"的由来。

这种文化忌讳和民间信仰大约始自秦汉时期。太岁禁忌在后代一直传承,民间破土造房、迁移嫁娶都要考虑避开太岁,并相应地搞些禳避仪式。人们认为,如果不这样做,便会招致家破人亡等灾祸。元、明两代,祭太岁还被列为国家祀典,国家如要大兴土木,常要祭祀太岁。朝廷官府如此,民间更是可想而知。

太岁也有克星。如《广异记》中有一则故事,说是一个叫晁良贞的人素来不怕妖魔鬼怪,每年他都要在"太岁"头上挖土。有一次挖出了一个肉块,便用鞭子猛抽了几百下,然后把它扔到大路上。当夜有人看见有好多神人骑马坐车来慰问那个肉块,有的还很奇怪地问道:"为什么受他辱打而不报仇呢?"太岁回答:"那人血气方刚,我也没办法。"看来,欺软怕硬或也是妖的一大本性。

对于太岁这只老妖,人们只好采取敬而远之的态度,使其害人之心无处可施。如浙江淳安地区在建屋架梁时会唱一首《踏地歌》:"吉日良辰,天地开张,凶神太岁,退避远方,焚香燃烛,祭拜土地,新造房屋,万古流芳。"

历史上当然也有不信这个邪的。宋嘉祐年间,朝廷欲修东华门。太史上书奏曰:"太岁在东,不能动土。"仁宗皇帝批道:"东家之西,乃西家之东;西家之东,乃东家之西。太岁果何在?其兴工勿忌。"这一批语果然机智而有见识,太史说太岁在东,但"东"的界限如何定?其实真是无法确定。既然如此,太岁又能在什么地方?只是,历史上如宋仁宗那样不信太岁的甚少,太岁信仰依然遍布人间。这也许就是人们常说的"祭如在,祭神如神在"吧。

民间传说中的"肉块"或"太岁"究竟是个什么东西?1986年12月新华社的一则报道说,甘肃省三个年轻农民在建屋时,在地底下发现了类似《续夷坚志》写到的"肉块",当时有人说那便是"太岁"。那三个年轻人不满足于这样的解释,于是把"肉块"送到兰州大学检验,最后证明"肉块"原来是一种罕见的白腹菌,并已正式命名为"太岁菌"了。既然有了科学验证,那么,众说纷纭了几千年,人们闻之色变的"太岁",原来只是一种菌类。

关于太岁是菌类的说法有多种。有人认为它是一种非植物、非动物和非菌类的第四种生命形式。有人认为它是介于原生物与真菌之间的黏细菌,生活于土壤中,生命力极强,正处于生命演化的一个节点上。还有人说它是一种特殊的复合型的黏合型菌类,有"死不了的太岁"之称,无论你怎样切割它,它都可以通过自身的自我修复能力快速修复。而且,它干不死也浸不死,其实质是它是靠吸收空气中的细菌微生物生存的,而空气里就有水分以及能保证其"活着"的各种矿物质。还有专家介绍说,太岁是迄今为止人类发现的最古老的古生物活体标本,是"人类和一切动物的祖先"。

不管说法如何,这种能挖得到的"太岁"是一种真实存在的物质,而不是古人闻之色变、见之胆寒、触之丧命的妖祟,说不定,这个"太岁"对延长人的寿命、改善人的生活质量会有莫大的作用呢。物之两极,于此为甚。

◎ 遥远的巨妖——年

过年于中国人而言是一桩盛大的活动,是全民狂欢的日子。什么是"年"?从甲骨文"年"字的写法⚊——一个人背着成熟的禾的形象,就可以知道,它象征着"年成"、"收成",人们从年复一年"春种、夏管、秋收、冬藏"的循环中,引申出作为计时单位的"年",再把冬藏时节相对固定的某一天作为"年"(大概在汉武帝时正式固定农历的正月初一为岁首,即"年"),欢度这一天叫"过年"。

与春种秋收而后的"过年"相比,民间故事中"年"的来历则是另一番风景。年,在民间故事中是一个老妖,一个巨妖,正是因为它,才有了现在的年。关于它的故事还不少。

故事一:

宇宙洪荒的上古时期,地上到处是毒蛇猛兽,还有一种叫"年"的怪物,每到十二月三十的晚上就要出来吃人,只要大嘴一张就能吸进去好多人。每到这一天大人小孩都要忙于逃命。这一天又要到了,人们聚在一起商议。有人说,我们这样逃来逃去逃到天边也是一个死——就算逃到山上,山上还有老虎、狮子、毒蛇,还是想想办法,把这个"年"给治服了才是个一劳永逸的事。正在大家七嘴八舌议论"年"的时候,一个刚刚来到村里、名叫鸿钧的老人说:"我有办法。"人们见鸿钧是个白胡子、白头发、白眉毛的老人,都劝他别去了,可老人一句话也不说,就动身去找那个"年"了。鸿钧找到"年",对它说:"你专门吸人,算不了什么,有本事敢把那边的毒蟒吸掉吗?""年"冷笑一声,说道:"这算什么!"立马赶去,对着毒蟒轻轻一吸,毒蟒就进了它的嘴,入了它的肚。鸿钧又对它说:"吸毒蟒算不了什么,那一座山上有一只猛狮,你敢不敢吸?""年"最怕别人说它胆小,回答说:"有什么不敢!"立马赶去,轻轻一吸,凶猛的狮子入了它的嘴,进了它的肚。鸿钧又对它说:"还有一只老虎,恐怕你就没这个胆量了。""年"说:"这世上没有我不敢的!"……那只老虎也入了它的嘴,进了它的肚。这一来,地上的蟒蛇、狮子、老虎都闻风而逃,逃到深山老林里去了,地上清静了许多。"年"得意万分,正在此时,鸿钧一跃而上,跳到了"年"的背上,骑着它上了天——原来鸿钧是天上的神仙。只听鸿钧在半空中对人们大声说道:"你们每到腊月三十晚上,就在门上贴上红纸,在门外边放爆竹——因为'年'最怕红的颜色,最怕爆竹的声音。这个'年'我把它带走了。贴春联、放爆竹的第二天就叫'过年'吧。"从此,每到过年的时候,人们都要贴春联、放爆竹。

故事二:

古时候有一种叫"年"的怪物,头长尖角,凶猛异常,"年"长年深居海底,每到除夕,就上岸进村吞食牲畜,伤害人命,因此每到除夕,村村寨寨的人扶老携幼,逃往深山,以躲避"年"的伤害。

又到了一年除夕,乡亲们像往年一样都忙着收拾东西准备逃难。这时候村东头来了一个白发老人,老人对一位老婆婆说只要让他在她家住一晚,他定能将"年"这个怪物赶走。老婆婆不信,众人也纷纷劝他还是上山去躲躲为好,但白发老人坚持留下,众人见劝他不住,便各自上山去了。

当"年"像往年一样准备闯进村肆虐的时候,突然传来了很响的爆竹声,那个怪物浑身颤栗,再也不敢向前走了。原来它最怕红的颜色、火光和"噼里啪啦"的响声。这时,一位身披红袍的老人哈哈大笑,走向怪物,怪物大惊失色,仓皇而逃。

第二天,当人们从深山回到村里时,发现村里安然无恙,这才恍然大悟,原来白发老人是帮助大家降服怪物的神仙。人们同时还发现了白发老人驱逐"年"的一大法宝——放爆竹。从此,每到过年时,每户人家都要燃放爆竹,而且爆竹的声音越响越好。

故事三:

"年"是一只怪物,它住在虚无乡的孤独洞里。到了每年的最后一天,它就会来到我们人住的地方,要吃人。"年"到底是什么样子呢?

有人说,"年"是一种怪兽,长居海底,头长触角,凶猛异常,每隔365天就要出现一次,伤人性命。

有人说,"年"有一口尖利的牙齿,比最尖的刀尖还要尖。

有人说,"年"有最锐利的爪子,比最尖细的针头还要尖锐。

有人说,"年"有红色的舌头,比打铁匠炉子里的火还要红。

有人说,"年"有红色的眼睛,比牛身上流下的血还要红。

也有人说,"年"无影无形,只是一种黑暗,比煤炭还黑,比夜晚更黑。

但不管它是什么样子,在每年的最后一天晚上,它都要趁着夜色来到人间,专门对那些独自在外的人下手,挖他们的心,吃他们的肉。人们根据"年"的这一特点,所以每当过年时,要阖家团圆,待在家里,"年"就无法下手了。一家人暖暖和和地待在屋子里,吃饭、喝酒,任凭"年"在屋外徘徊、嚎叫,它也伤害不到我们。

故事四:

古时候,有一个怪物叫"年",它长得像狮子,但头上有一只独角。每到过年时就会出来伤害人畜,人们深以为苦。一次,"年"又闯入某村,正巧遇到一个穿着红衣,正在烧竹竿取暖的人。那"噼里啪啦"的爆炸声,加上红光闪耀,使得"年"惊慌之下,逃窜而去。于是人们知道了"年"的弱点,每到"年"要出现时,家家户户贴红纸、燃爆竹来驱"年"。"年"果然不敢来了,人们从此可以开开心心地过年了。因为这个故事,有人认为,"过年"其实应该叫"赶年"。"过年"那一天,人们几乎全民上阵,贴红纸、燃放炮仗,不就是要把那个"年"赶走吗?"赶年",存此一说,聊博一笑。

从上面的几个故事中,可以看出"年"的妖性主要表现在两个方面。第一,它专与人类为敌,性格残忍,以人为食,定期来到人间肆虐,是一个负面的形象。第二,它形象丑陋、凶恶且本领极大,以丑陋、凶恶的外形吓唬人们,以其极强大的作恶本领祸害人类,是人们心目中最憎恨的对象。但是,人最终还是以自己的智慧(团聚、红纸、炮仗等)战胜了它,并以欢庆它的失败作为人类自己的盛大节日。这就是民间故事,具体来说,这就是过"年"的故事带来的正能量。

◎ 妖气相投——"四凶"

"四凶"的说法有多种,我们这里要说的较出名的是"浑敦"(通常写作"浑沌",一作"混沌")、"穷奇"、"梼杌"和"饕餮"。

《左传·文公十八年》:"舜臣尧,宾于四门,流四凶族混沌、穷奇、梼杌、饕餮,投诸四裔,以御魑魅。"妖气相投的"四凶"之提法古已有之,其共同点就是由人幻想而成,骚扰、破坏人们的正常生活或直接以食人为生。至于它们的形象,请看下文。

先说浑沌。最为原始的浑沌的形象出自《山海经·西次三经》:"天山……有神焉,其状如黄囊,赤如丹火,六足四翼,浑敦无面目,是识歌舞,实为帝江也。"它形状浑圆,像火一样周体通红,有四只翅膀、六条腿、一根尾巴,但没有五官(也有说它有五官,此处姑且不论),虽然如此,它却能够通晓歌舞曲乐。

还有一种说法称"混沌",说它是像狗或熊一样的动物。如果遇到高尚的人,它便会大肆施暴;如果遇到恶人,便会听从恶人的指挥。欺凌善良、助纣为虐、是非不分就是它得名"混沌"的来由。《神异经》云:"昆仑西有兽焉,其状如犬,长毛,四足,似罴而无爪,有目而不见,行走而足不开,有两耳而不闻,有人知性,有腹无五脏,有肠直而不旋,食径过。人有德行而往抵触之,有凶德则往依凭之。名混沌。"正因为其既混且乱,故后世称是非不分之人,是非不分的情状、状态为"混沌"。

这里的记载显示混沌的形象乃有人之情而无人之形,也是一种"似人非人"。

概而言之,浑沌之所以被列为妖的族类,最根本的一条就是"人有德行而往抵触之,有凶德则往依凭之",它助纣为虐,与人类为敌。

关于"浑沌",还有如下两种说法。

第一,就像它的另一写法"混沌"所表示的那样,指古人想象中洪荒远古之前、世界形成之前那种鸿蒙一片的情景。《庄子·应帝王》中有"南海之帝为儵,北海之帝为忽,中央之帝为混沌"之言,又有"儵与忽时相与遇于混沌之地,混沌待之甚善。儵与忽谋报混沌之德,曰:'人皆有七窍,以视听食息,此独无有,尝试凿之。'日凿一窍,七日而混沌死"的传说。这说的是洪荒邈远时期,南海的天帝叫"儵",北海的天帝叫"忽",中央的那位天帝叫"混沌"。儵、忽彼此之间常来常往,相聚在中央,即混沌所在之地,混沌对两位老朋友极为友善。儵和忽商量着要报答混沌的善良之德。它们想,凡是人都有七窍,可以看东西,可以听声音,可以吃食物,可以喘息,可惜混沌"一窍不通",什么都没有。两"人"决定帮混沌"开窍",每天在混沌身上凿一窍,不料到了第七天,混沌竟然死去了。传说中好心办了坏事的儵和忽非常伤心和后悔,悲痛之余,两人把给用来混沌开凿七窍的工具——时间之斧扔到人间,正因为此,人间从此有了表示时间疾速逝去的一个词——儵忽。而儵和忽自觉无颜再待在天帝的位子上,一同去了虚无缥缈的乌有之处。

第二,浑沌的另一种写法为"浑敦"。《左传·文公十八年》道:"昔帝鸿氏有不才子,掩义隐贼,好行凶德,丑类恶物。顽嚚不友,是与比周,天下之民谓之浑敦。"帝鸿氏,有人说是蚩尤,有人说是黄帝,有人说原先是指蚩尤,后来指黄帝。且不去管它,重要的是从"掩义隐贼,好行凶德,丑类恶物,顽嚚不友"这十六个字里,就可以知道不是一个善类——践踏正义,阴险狠毒;横行霸道,穷凶极恶;坏事做绝,愚妄奸诈。这里的浑沌就比较接近我们前面所说的那个老妖了。

再说穷奇。《神异经》云:"西北有兽,其状似虎,有翼能飞,便剿食人,知人言语,闻人斗辄食直者,闻人忠信辄食其鼻,闻人恶逆不善辄杀兽往馈之,名曰穷奇。"它形状像虎,但有翅膀能飞,会吃人。它还懂得人的语言,见有人争斗,就会吃掉那个有道理的人;听说是忠信诚意之人,就去啃掉那个人的鼻子;听说是大奸大恶、十恶不赦之人,它就会杀上一头猛兽去献给他,鼓励他多做坏事。这就是穷奇。

穷奇最早也是出现在《山海经》里。《山海经·西次四经》写道:"邽山其上有兽焉,其状如牛,猬毛,名曰穷奇,音如獆狗,是食人。"《山海经·海内北经》也有记载:"穷奇状如虎,有翼,食人从首始,所食被发,在蜪犬北。"

这里的穷奇是一种抑善扬恶的妖魔,它形状如牛,或又似虎,披有刺猬的毛皮,长有飞鸟的翅膀。它的叫声像狗,靠吃人为生。尤为突出的是其颠倒是非、倒行逆施的行事准则,让它成了妖这一族类的重要成员。正因为如此,我们的古人把远君子近小人的那一类人称为"穷奇"。

《左传·文公十八年》中也有一个"穷奇":"少皞氏有不才子,毁信废忠,崇饰恶言,靖谮庸回,服谗搜慝,以诬盛德,天下之民谓之穷奇。"少皞氏,黄帝时期东夷族的一位部落首领。他有一个不肖之子,其人毁弃诚信忠恕,对人总是恶言相向;口是心非,行为乖张;隐瞒为恶、奸邪之人,败坏公序良俗。人们把这个不肖之子称为"穷奇",他和《山海经》里那个妖得不能再妖的穷奇实为一个德性。

接下来说说梼杌。《神异经·西荒经》记载:"西方荒中,有兽焉,其状如虎而犬毛,长二尺,人面,虎足,猪口牙,尾长一丈八尺,搅乱荒中,名梼杌。"唐人张守节《史记正义》引《神异经》注写道:"西方荒中有兽焉……名梼杌。一名傲狠,一名难训。"

还有人说它"能斗不退"。从它的这副相貌,人们给它取的两个名字,再加上"搅乱荒中"(搅得周围一片乌烟瘴气),故其"凶顽无匹俦"——凶残顽劣无人匹敌。后来"梼杌"被用来比喻冥顽不化、凶恶蛮横之人。

《左传·文公十八年》:"颛顼有不才子,不可教训,不知诎言,告之则顽,舍之则嚚,傲狠明德,以乱天常,天下之民,谓之梼杌。"这段话说的是,颛顼有个不成才的儿子,不听教诲训导,说话不知进退,即使被告诫、训斥,依然愚钝无知,约束松了便更加愚蠢顽劣,践踏美德,不遵守人伦常序。

梼杌还是一个书名。《孟子·离娄下》:"晋之乘,楚之梼杌,鲁之春秋,一也。"意思是说,楚国的《梼杌》和晋国的《乘》、鲁国的《春秋》一样,是史书。赵岐《孟子章句》注云:"梼杌者,嚚凶之类,兴于记恶之戒,因以为名。"他认为之所以用《梼杌》作为书名,就是要记下像梼杌那样的"嚚凶之类",以之为戒。但对于这种说法,也有学者不以为然。他们认为,楚国用"梼杌"作史书之名,与"戒凶"毫不相关。"梼杌"是树木横断后的树桩子,树桩子上有一圈一圈的年轮,一轮就是一年,可以反映树木生长的历史。有多少轮则表明树木生长了多少年,引申为历史,以之作为历史书的名称是极为确当的。这是题外话,此处顺便一提。

最后要说的是饕餮。这大概是现代人最为熟悉的一个了,但是知晓它本是远古的一个老妖的,恐怕就没有几个人了。

《神异经·西荒经》:"饕餮,兽名,身如牛,人面,目在腋下,食人。"《神异经·西南荒经》:"西南方有人焉,身多毛,头上戴豕,贪如狼恶,好自积财,而不食人谷,强者夺老弱者,畏群而击单,名曰饕餮。"

殷周时代钟鼎彝器上常常刻有饕餮的形象:没有身体,只安着一张大嘴的脑袋,模样狰狞,双目炯炯有神,鼻梁凸出;头顶部有一对弯曲的兽角,其弯曲的方向或向内好似羊角,或向外曲似牛角;大嘴张到极致;利齿如锯,作盘踞状。有的身躯拱起,头着地,两边有一对利爪,像狗爪子又似虎爪子。两侧有一对肉翅,形如两只大耳朵。

《吕氏春秋·先识》:"周鼎著饕餮,有首无身,食人未咽,害及其身,以言报更也。"这说的就是它以食人为生,在一次吃人时只顾狼吞虎咽,结果噎死了,这就是所谓报应。

正因为它的极其贪欲,故后世将贪婪之人比喻为"饕餮"。《左传·文公十八年》有云:"缙云氏有不才子,贪于饮食,冒于货贿。侵欲崇侈,不可盈厌;聚敛积实,不知纪极。不分孤寡,不恤穷匮。天下谓之饕餮。"缙云氏,一个古老氏族的首领,有个不成器的儿子,贪恋美食,迷恋财物,贪婪奢侈,不知满足;聚敛钱财,囤积粮食,没有限度;不怜悯孤寡,不体恤穷人,百姓认为他与"三凶"(即浑沌、穷奇、梼杌)类似,就把他叫做"饕餮"。

另有一种传说,说是饕餮是蚩尤败给炎黄二帝后被斩下首级,身首异处而集怨气所化,有吞噬万物之能,为了不让他重新祸害人类,黄帝用轩辕剑和封印加以镇压,并由狮族世代看守——后代用石狮子守门即由此而来。

妖姿百态生

《山海经》作为中国妖之"祖庭",诞生了诸多知名的妖。之后的文献中,"妖"渐与"怪""魔""精"合流,本身的眉目模糊起来。按徐华龙先生的标准,再来明确一下关于"妖"的界定:依凭有生命物质幻化而成的类生物体叫做"精",依凭无生命体物质幻化而成的类生物体叫做"怪",除此两端,凡无物质依凭幻化而成,且形象丑陋、本性以与人类为敌的类生物体皆为妖类。据此,在民间传说故事中,我们会发现"妖"迹其实并不少,甚至妖的种类之繁杂、家族之庞大可能会大大出乎人们的意料。

"妖"概念的形成、形象的塑造来源于客观现实。远古荒蛮时期,人们对客观自然的认识处于蒙昧状态,对于各种自然现象、自然灾害,既无法解释,更无力抵御,就只得将此种种归于作恶多端的"妖"。

加之,中华民族族裔众多,幅员辽阔,不同地区的人所面对的灾难各有不同,因此,在不同的地区产生了各种不同形象的妖。甚至,妖也不单叫妖,它的名称也多样化,如前文所述的"莽盖"就是达斡尔族、蒙古族等流传的传说中的妖。妖族也可谓枝繁叶茂,百态丛生。

◎ 妖龙横行

龙是中华民族的象征,是中华民族的图腾,一般被视作瑞兽。既然如此,龙的队伍中怎么会有妖?请注意,我们这里要说的是"孽龙"、"恶龙"。就像在上下五千年的历史上,出卖中华民族利益的不是大有人在吗?他们还能算是真正的"龙的传人"吗?同理,那些动辄翻江倒海、兴风作浪、祸害百姓、危害人类生存的孽龙、恶龙能同兴云播雨、惠及苍生的真正的龙同日而语、归为一类吗？它们与其说是龙，不如说是妖孽、妖祟！

孽龙、妖龙、恶龙这类妖孽大都出现在滨江、滨海或河网密布的地区。由于远古时代这些地区毫无水利设施，因此经常水患不断，人们想象龙是水中之物，洪水肆虐，恶浪滔天，稻禾被毁，人畜伤亡，一定是龙中败类的妖孽在兴风作浪，为非作歹——这是孽龙、妖龙、恶龙这类妖孽作为负面形象出现在妖故事中的根源。人们要生存，就要起而抗争，于是就有了下面这些故事。

《李冰父子斗孽龙》的故事是这一类型的代表。

相传古时岷江中有条孽龙为害，致使当地水患连年，五谷无收，百姓苦不堪言。李冰父子决心为民除害。儿子二郎带上"梅山七圣"与孽龙苦斗，终于打败孽龙，追到青城山下，将孽龙捉住，用铁链条锁在离堆之下。

纳西族故事《大鹏斗孽龙》说到，远古时候，人与龙是同父异母所生，分家时，父亲把天直划成两半，地横切成两截，房屋、牲畜、森林都分成两份,人和龙各得一份,并且指定了人住在陆地,龙住在海里。父亲自己留下了一颗夜明珠作为传家宝,并留下话,自己去世后,夜明珠属于人与龙共同所有,谁也不得占为私有。后来,父亲死了,住在海里的龙不但把夜明珠抢去藏在海底,而且不断侵占人的地盘,渐渐地,天被它占了九十九份,地也被它占了九十九份。人被龙挤得只剩一顶帽子大的天、一只马蹄踩的地……为此,人请来了金翅大鹏,把那海底的孽龙抓了起来,捆在神树上……从此,孽龙再也不敢捣乱作怪了。人们安居乐业,幸福地过着生活。①

东乡族故事《勒退夫智斩妖龙》中,为人耿直、聪明能干的青年勒退夫与长得像月季花般、贤惠能干的姑娘阿依莎互相爱慕、心心相印。突然,不知从什么地方飞来一头妖龙,霸占了附近的山头。从此每天刮狂风,下暴雨,庄稼和人畜遭受灾难,村子里一片恐慌。妖龙胃口很大,常常要人们给它

---

① 《中华民族故事大系》第九集,上海文艺出版社1995年版。

送上牛和羊,否则的话,又是一场狂风,而且更猛;又是一场暴雨,而且更大。人们为了活下去,只好送牛送羊。牛和羊被妖龙吃光了,妖龙就开始吃人了,村里人四处逃命。背着弓箭、拿着大刀的勒退夫决定杀掉妖龙,为民除害。第一次,力量单薄的他失败了,差一点被妖龙吃掉。勒退夫决心去找"牧日师德"(师傅)学本领。就在他外出学本领的时候,阿依莎的父亲和母亲先后被妖龙吃掉了。学会了本领的勒退夫回到村子里,在乡亲们的协助下,杀死了妖龙。①

还有一个流传甚广的台湾民间故事《日月潭的恶龙》:有一对恶龙出来游玩,公龙一口吞下太阳,母龙一口吞下月亮,从此世上没有了日夜之分,禾苗不长,花儿不开,一片漆黑。后来,年轻的渔民大尖哥和水社姐吃尽了千辛万苦,终于从阿里山的山洞里拿到了金斧头和金剪刀。回到潭边,他俩又冒着生命危险,纵身潜入湖底,与两条恶龙激战了三天三夜。最后大尖哥用金斧头砍死了两条恶龙,水社姐用

---

① 《中华民族故事大系》第九集,上海文艺出版社 1995 年版。

金剪刀剪开了龙肚子,救出了太阳和月亮,人们重又见到了光明。

上面几则故事的大反派都是孽龙、恶龙,它们兴风作浪、祸害人类,弄得人类几乎无法生存。它们枉担着"龙"的名号,实为水底之妖,干着妖的勾当。人与妖龙的抗争,反映了人类与水患的抗争。

◎ 旱魃为虐

人们与旱魃的抗争是人类与旱灾抗争的反映。

水、空气和阳光,是一切生命赖以生存的最基本的物质条件。旱灾是常见的自然灾害,如果土壤缺乏水分,不能满足农作物生长的需要,就会使作物枯死,进而造成粮食减产甚至绝产的灾害,引发饥荒。同时,旱灾还会使人和牲畜因缺乏足够的饮用水而死。

有一种理论叫"血统论",其核心是宣扬"老子英雄儿好汉,老子反动儿混蛋"。其实这种论调在民间早就破灭了。我们都知道中华文明的始祖黄帝,如此伟大的他却有一个不肖女儿,名叫"魃"。人们认为,之所以有旱灾,是因为"旱魃为虐"。传说中的旱魃就是魃,她是黄帝的女儿,常穿一件青色衣服,模样并不漂亮,据说还是个秃头,但她的身体里面却装满了大量的热火。她到过的地方,总是赤地千里,滴雨全无。人们受她的灾害极大,都非常痛恨她,因而叫她"旱魃"。后来有人向黄帝说明旱魃在人间为害的情形,黄帝就下令把她安顿在赤水以北的地方,叫她在那儿定居,不准四处乱跑——可见人文始祖就是伟大,一切为了百姓,从善如流,可惜没有能够大义灭亲。旱魃已经游荡惯了,常常偷跑出来,东游西逛,人们又不断地遭到她带来的旱灾。后来,人们开好水道,挖通沟渠,向她祝祷,她才离开,人们这才过上了正常的生活。

这个神话在流传过程中有了种种的变易,魃的形象在其中也各有不同。汉朝东方朔《神异经》中的《南荒经》里写道:"南方有人长二三尺,袒身,面目顶上,走行如风,名曰魃,所之国大旱……善行市朝众中。遇之者,投诸厕中乃死,旱灾消。"在《道法会元》卷七八中则是这样的描述:"旱魃头如人形。蛇身有翼。"虽有各种形象,但有一共同点,即丑陋,而这正是妖的一大特征。

宋代周密《癸辛杂识别集·旱魃》写道:"金贞祐初,洛阳大旱,登封西吉成村有旱魃为虐。父老云:'旱魃至,必有火光,即魃也。'少年辈入昏凭高望之,果见火光入农家,以大棓击之,火焰散乱有声如驼。古人说旱魃长三尺,其行如风,未闻有声也。"这说的是,洛阳登封西边的吉成村有旱魃为虐。当地的父老说:"旱魃至,必有火光,即魃也。"年轻人在黄昏之后纷纷登高眺望,果然看到火光进入某农家,便赶去以大木棍击火,火焰居然发出类似骆驼的嘶鸣声。这里的旱魃形象较先前所述,显得较抽象。但这也直观地看到人们直接将火光这一自然现象认作为妖。

咒语也与旱魃有关。

《山海经·大荒北经》说,旱魃不安于"赤水之北",到处闲逛,也把旱灾带到各处,有人就作了咒语:"神北行!先除水道,决通沟渎。"①念动咒语,驱除旱魃,反映了人类用"决通沟渎"即开沟引水的方法与旱灾作斗争的智慧。

在少数民族地区也有旱魃这类的妖祟。旱灾是一种常见的自然灾害,哪里有旱灾,哪里就有人类的抗击,哪里就有以旱魃为反派角色的妖故事,只不过旱魃之名变成了"旱精"。

布依族民间故事《翁戛捉旱精》是这样讲述的:在布依族同胞居住的地方,不管是田边还是地角,都有一个水井或水坑,传说那是布依族祖先翁戛捉旱精时留传下来的。那是很早很早以前,有一座很高很高的火焰山,山上有一个万恶的旱精。只要这个旱精的身子一挨近,不管是溪流还是山泉,一下子就被吸干了。由于旱精经常出来作恶,所以人们年年遭旱灾,土地开裂,禾苗枯死,人们只好啃树皮,吃野菜。翁戛决心除掉这个旱精。他团结大家,用葛藤挽成九十九个

---

① 此处将"神北行!先除水道,决通沟渎"都作为咒语,系采罗永麟先生的观点。见《中国仙话研究》,上海文艺出版社1993年版,第270页。

套子,想把旱精套住,但一根葛藤太细,被旱精轻轻地一挣扎就断掉了。翁戛他们就用三根葛藤编在一起再挽成套,但又被旱精用牙齿咬断了。翁戛想了三天三夜,想出了一个好办法。他们在田边、地角挖了好多水井、水坑,再把葛藤每九根扭成一股做成套子,多做些,每一个井口和坑口上都安一个套子,待旱精去喝水时,就用套子套住它的脖子……旱精终于被翁戛他们捉住了。水井和水坑也就成了布依人抗旱的宝贝了。①

旱魃和旱精都是人类在抗击旱灾时,因不明旱灾的起因而幻化出来的假想敌,最后人类取胜、旱灾告退,反映在传说故事中就是旱精、旱魃被彻底打败。

◎ "名不副实"的妖

妖族成员众多且杂,其中有一些名里不见一个妖字,甚至还被尊称为"神",其实却是如假包换的妖。

---

① 陶阳、钟秀:《中国神话》,上海文艺出版社1990年版。

汉族民间故事《五岳的来历》说,上古时候东方出了水兽,一片洪水滔天;北方出了冷怪,冰天雪地,寒气刺骨;西方出了风妖,狂风不止,天昏地暗;南方出了火魔,烈日炎炎,赤地千里。天下大乱,民不聊生……这里的水兽、冷怪、风妖和火魔很明显就是妖的形象。

有些被称为鬼的类生物体其实也是妖,特别是在少数民族民间故事中。如珞巴族故事《宁崩鬼》中有两段描写:"这时所有的宁崩鬼都从外面回来了,它们一下子就把达洛(一个被它们抓来的世人)拉到一边,一拥而上,撕扯着达洛的皮和肉往嘴里填。""达尼(一个去救达洛的人)砍下了老宁崩鬼的头,那颗头便变成了一只黑鸟飞走了。"[①]以食人为生、怪异善变的宁崩鬼无疑也是妖的一种。羌族民间所传说的毒药鬼也是他们对妖的一种叫法。景颇族故事《人种流传》中提到,一场洪灾过后,仅剩的一对孤儿碰到了一个老婆子,名叫达目。在它住着的山洞里,两个孤儿看到地上堆满了人的

---

① 陶阳、钟秀:《中国神话》,上海文艺出版社1990年版。

骨头,原来,它是个恶鬼。这个恶鬼显然也是妖的一种。

还有些号称为神的,其实质上是妖。

传统的民间文化将神分为善神和恶神,笔者认为这是分类学上的一个误区。具体论述这里就不展开了,只提一点,即神应当是正面形象,应该把那些恶神赶下神坛,不应该尊之为神。当然,那些恶神几千年来被习惯性地称为"神",贸然地将它们的"神位"一锅端,削去神的名号,是难以做到的,也是没必要的。符号意义上的"神"的名号可以容其存在,而在内涵的定性上,即在分类学的实际划分中应把它们归属为妖。

如清人卢文弨《群书拾补》辑《风俗通逸文》"李冰斗江神"中的江神。"秦昭王伐蜀,令李冰为守。江水有神,岁取童女二人为妇。主者白:出钱百万以行聘。冰曰:'不须,吾自有女。'到时装饰其女,当以沉江。冰径上神座,举酒酹曰:'令得傅九族,江君大神,当见尊颜,相为敬酒。'冰先投杯,但澹淡不耗。厉声曰:'江君相轻,当相伐耳!'拔剑,忽然不见。良久,有两苍牛斗于岸。有顷,冰还谓官属,令相助,曰:'南向要中正白是我绶也。'还复斗。主簿刺杀其北面者。江神死,后复无患。"

这段文字说了李冰治水的一则故事:秦昭王出兵攻下了蜀地,任命李冰做太守。当地有个江神,它每年要娶两个年轻女孩为妻。主持祭典的人对李冰说,可以让百姓一起凑上一笔钱来招两个应征者。李冰说:"不用了,我自己有女儿。"到了祭典那天,他把女儿盛装打扮好了,准备投入水中。就在将投未投之时,李冰径自走近神的座位,举起酒杯说道:"江君大神,我很荣幸能高攀到您这样的亲戚。我应当见您一面,互相敬杯酒。"李冰先举杯一饮而尽,而所谓"江神"的另一杯一点也没动。李冰严厉地说:"江君啊,你太轻视我了!我要讨伐你!"于是拔出随身的佩剑,与此同时他本人竟然一下子不见了。过了一会儿,岸边出现了两头青牛在相斗。又过了一会儿,李冰返回来向在场的人求助,说:"南面那头腰间白色的是我变的。"说完又返回去继续打斗。主簿(帮助李冰)刺杀了北面那头牛。那个所谓的"江神"死了,从此再也没有这样的祸患发生。这种专事摧残女性的恶棍,究其实质是一种水妖。

第二个,瘟神。瘟神是瘟疫的化身,除了专治瘟疫的"五瘟使者"(春瘟张元伯,夏瘟刘元达,秋瘟赵公明,冬瘟钟仕贵,总管中瘟史文业,又称"五福神")是民间尊奉的善神外,全国大多数的瘟神都属于恶神。对待这样的瘟神,人们的态度是坚决驱逐。如广东南雄人在端午节这天的中午时分,用茅草扎成瘟神的模样,装在船上,敲锣打鼓,送到河里漂走,称为"遣瘟",即遣送瘟疫。有些地区把瘟神像装上草船(或纸船)抛入河里后,还要放一把大火,彻底烧掉——正所谓"纸船明烛照天烧",表达了人们对瘟神的切齿痛恨。

再说病魔。现在我们言谈话语中的"病魔"只是一种比喻的说法——像魔鬼一样骇人的疾病,一般指长期的重病,而在古人那里,它却是一种实实在在的类生物体,是妖类的一种。

宋朝刘克庄《题倪鲁公诗后》言:"击蒙何止闻童稚,遣疟犹堪去病魔。"元朝孟汉卿《魔合罗》第二折:"干着我贩卖南昌利钱好,急回来早又病魔缠着。"明朝李介《天香阁随笔》卷一:"病魔日夕成吾懒,春昼如年只下帘。"清朝黄景仁《金缕曲·劳濂叔手书大悲咒以赠》词:"叹年来病魔穷祟,公然作横。"茅盾《秋收》中说:"他就仗着他那一身愈穷愈硬朗的筋骨和病魔挣扎。"

上面所引的诗词文句中,既有假想敌的"病魔",也有比喻性的用法,前者靠前,后者靠后。

由于古人对于疾病的病理机制处于蒙昧茫然的状态,因此就自然而然地把各种疾病想象成是妖祟肆虐的结果。《续西游记》第九十五回就有"病魔"作祟的情节,详见后文"病魔盯上猪八戒"介绍。

◎ 妖中异数

在妖故事的传播中,妖一直是以其与人类为敌的负面形象出现的,这也是妖之所以为妖的缘由。但万事皆有例外,在民间故事里,改恶从善、弃旧图新的妖也时或有之。个中的奥秘可以这样理解:妖与人类为敌的本性不变是常数,而改恶从善、弃旧图新是异数。所谓江山易改,本性难移,之所以有异数存在,是因为在各种灾害、灾难长期侵害下,痛苦不堪的人也偶尔会遇到风调雨顺、五谷丰登的年份——人们认为这是妖祟良心发现的一刻,给了人们一条生路。这是一种善良愿望,是人们的一点希望而已——生活中不能没有希望,否则是要崩溃的。

明人余象斗《南游记》中华光的母亲吉芝陀圣母就是一个改恶从善、弃旧图新的形象。《南游记》一名《五显灵官大帝华光天王传》《华光传》。华光就是民间俗语里"马王爷三只眼"中的马王爷,也是道教护法四元帅之一。他本是如来佛前的妙吉祥童子,因杀死独火大王堕入轮回之中……他练就了大神通,降服诸妖,所向无敌。他想念死去的母亲,就去地府寻找,才得知他的母亲不是人而是妖,名叫吉芝陀圣母。

吉芝陀圣母乃何许人也?《南游记》第七回《吉芝陀圣母在萧家庄》中有如下一段交代:

> 却说吉芝陀圣母言曰:"我当日同金睛百眼鬼在北极驱邪院梭婆镜内,被镜镇倒。得遇华光闹天官,赶金枪太子,那太子走入北极驱邪院,躲在镜后,华光把那金砖祭起,打破那梭婆镜,我同百眼鬼

得脱出来,不知他的去向。我今在云端观看,见南京徽州府婺源县萧家庄,有一萧长者,名唤水官,其妻范氏太婆,每夜在后花园烧夜香,祈求宗嗣,接续香烟。我自思不免摇身一变,变化一个扑灯蛾,去那里打灭灯火,将范氏太婆吃了。我且摇身一变,做了范氏太婆。去迷了萧长者,与他成亲,岂不美哉。"说罢不题。

却说范氏安人,一夜在后花园排下香烛案,正欲拈香祷告,忽见一大灯蛾飞来,打灭那灯。范氏大惊,正欲呼婢点灯,被吉芝陀圣母变出本相,将范氏安人吃了,变作范氏,昼夜与萧长者作乐。今日去东家吃一个人,明夜到西家吃一个人,左邻右舍人家,今日不见一个,明日又不见一个,各各心中烦恼,俱不知真假。范氏轮夜去人家吃人,萧长者亦不知是假范氏。一日假范氏身怀有孕,对萧长者说知,萧长者四十无子,闻妻有孕,十分欢喜,夫妻作乐不题。①

这节文字主要是说,妖孽吉芝陀逃出因日日吃人而被囚的北极驱邪院,来到南京徽州府婺源县萧家庄,吃了萧长者妻子范氏夫人,自己变成她的模样,"昼夜与萧长者作乐",生下华光。这个女妖在萧家庄冒充范氏夫人时,"今日去东家吃一个人,明夜到西家吃一个人,左邻右舍人家,今日不见一个,明日又不见一个"。这个天性嗜好吃人的女妖,终因作孽太深,被佛陀拿住,打入酆都,囚禁在地狱里,日日受苦以赎其罪。华光就投胎做了吉芝陀圣母与萧家庄的那位"萧长者"的儿子。

华光得知母亲的消息后,决定救出母亲。他上穷碧落下黄泉,三下酆都,终于救出母亲。但妖孽吉芝陀出了地狱又想吃人,因未遂其愿而大骂华光不孝,怨儿子不该救自己。面对华光苦口婆心的规劝,她竟然愤愤地说道:"你这个不孝子,不叫俺吃人,救我出来做什么!还不如在地狱里受苦呐!"无奈,华光经多方打听,得知王母娘娘金岳园中的仙桃

---

① [明]余象斗等:《四游记》,上海古籍出版社1986年版。

可治母病,就变成孙悟空的模样潜入园中,偷出仙桃。吉芝陀圣母终于改恶从善,不再吃人了。

《南游记》第十八回《华光皈依佛道》,华光救了母亲,偷来仙桃,改了母亲吃人的恶习,去见如来。"如来曰:'……看还布施轮回簿上,曾注你父母,生当受苦,今日得你皈依佛道,应该同往西方,不落轮回之苦,你母吉芝陀圣母,今已改邪归正,不想吃人,亦可往西方。'"不再吃人的吉芝陀圣母,也可以往生西天,成佛作祖了。

还有之前提及的莽盖也算是个异数。莽盖是达斡尔族、蒙古族、鄂温克族、鄂伦春族等民间故事里的一种乱世妖魔。它一般有三个头,或六个头,甚至九个头,九头莽盖最为厉害。达斡尔族民间故事《昂格尔莫日根》中就有一个长着九个脑袋的莽盖。它带领一群小莽盖为非作歹,专门攻击猎人。一次昂格尔莫日根的父亲和同村的几个猎人出去打猎,在满载而归返回家乡的路上遇上了九头蟒盖一伙,结果,有几个猎人被打死了,有两个猎人的心脏被九头莽盖活活地掏出吃了,昂格尔莫日根的父亲被九头莽盖抓走了,带到了遥远的地方——莽盖的老巢,给它做苦工。①这个故事里的莽盖何其残忍,但就是这般生性极端残忍的族类中也有改恶从善的异类。《姐弟俩》的故事中就有一个被驯服了的三头莽盖,它不仅忠心耿耿地为主人家看家护院,还跳进山下的深湖里,将主人未婚妻的弟弟救了上来。②

妖术大不同

所谓"妖术",按一般理解,是一种旁门左道,是试图借用某种超自然的力量来整治别人,甚至置别人于死地,或用以欺人惑众、谋求自身利益的法术。究其本质,它实为一种法术,是意图借助超自然力达成自己某种目的的仪式、方法。但相较于正道法术,妖术是被主流文化排斥,甚至是被国家法律禁止的。在中国古代的典籍中,"邪术"、"淫术"等词同

---

① 《中华民族故事大系》第十一集,上海文艺出版社1995年版。
② 同上。

指"妖术","邪"、"淫"或就点出"妖术"之影响。

《水浒传》(七十一回本)第五十四回说到,道士公孙胜将去协助宋江,与高廉斗法,他的师傅罗真人为此专门传授了"五雷天心正法"给他,同时对他说:"弟子,你往日学的法术,却与高廉一般……依此而行,可救宋江,保国安民,替天行道……汝本应'天闲星'数,以此暂容汝走一遭,切须持从前学道之心,休被人欲摇动,误了自己脚跟下大事。"很显然,罗真人认为公孙胜"学的法术却与高廉一般",即都是道教的看家本领,只是因为高廉依靠奸臣高俅的势力胡作非为,所以高廉所擅即为"妖术",罗真人要公孙胜替天行道,谨守"正道"。这个细节形象化地注释了"妖术"与"正术"之间的区别或不在手段不同而在目的各异。

由于"正"、"邪"矛盾长期存在,"妖道"、"妖术"一直在不断抗拒正统文化的压制,因此历朝历代都有与之有关的范围不等的社会性群体事件发生。

明清之际,以太湖流域为中心的江南地区先后发生多次妖术事件,其中最著名的就是清乾隆年间的一次妖术大恐慌。美国哈佛大学历史系和东亚语言文化系讲座教授孔飞力的《叫魂：1768年中国妖术大恐慌》对此作了详细的描绘。

1768年，清乾隆三十三年，一种叫做"叫魂"的妖术恐惧突然在中国爆发。这一妖术恐惧从大清帝国最富庶的江南发端，沿着运河和长江北上西行，迅速地席卷了大半个中国。愚夫愚妇们受这种妖术恐惧的支配相信妖术师可以通过人的发辫、衣物，甚至姓名来盗取其灵魂为自己服务，而灵魂被盗者则会立刻死亡。从春天到秋天的大半年时间里，整个帝国都被这妖术恐惧动员起来。小民百姓忙着寻找对抗妖术、自我保护的方法，各级官员穷于追缉流窜各地频频作案的"妖人"，而身居庙堂的乾隆皇帝则寝食不安，力图弄清叫魂恐惧背后的凶险阴谋，并不断发出谕旨指挥全国的清剿。折腾到年底，在付出了许多无辜的性命和丢掉了许多乌纱帽后，案情真相终于大白，所谓的叫魂恐惧只是一场庸人自扰的丑恶闹剧：没有一个妖人被抓获（本来就是子虚乌有），没有一件妖案能坐实，有的只是自扰扰人，造谣诬陷，屈打成招。沮丧失望之余，乾隆皇帝只得下旨"收兵"，停止清剿。

这是《叫魂：1768年中国妖术大恐慌》译者之一刘昶先生对这次"妖术恐怖"的概括。①

下面具体说一说事件的前因后果。所谓"叫魂"，系流传于中国民间的一种妖术，施术者通过割取他人少量辫发等物，即可操纵其灵魂精气，并置人于死地。1768年初春，"叫魂"妖术的恐慌从浙江省德清县开始蔓延。这场妖术恐慌表现在三个层面上。

第一个层面是在社会底层。乾隆三十三年初，浙江德清县城一项工程招标承建，来自海宁的一支工程队投标失败，来自仁和县的石匠吴东明承揽了工程。这个极为普通的事情却被邻近一个寺庙的和尚恶意利用。原来，德清城外有两座寺庙，即观音殿和慈相寺，观音殿香火鼎盛，而慈相寺则门可罗雀。门庭冷落的慈相寺和尚为争夺香火，便利用这件事散布谣言，说投标失利的海宁石匠为了报复，在县城外去观

---

① 本文所述《"叫魂案"》多引自刘昶：《盛世危言——〈叫魂〉读解》，《史林》，1999年第2期。

音殿的路上作了法,路过之人都要遭殃(意在阻止人们去观音殿上香)。这个谣言不胫而走,并且言人人殊,最后竟变成了包工的石匠要盗取人的灵魂来加固工程水门和桥梁的基础。于是,农夫沈士良找到吴石匠,让他将写有两个侄儿名字的纸片贴在木桩顶部敲打,据说这样会给大锤的撞击增添力量,人们称之为"叫魂",而名字被敲打的人会因此失去精气,轻则得一场重病,重则死去。吴石匠害怕惹出麻烦,将沈士良扭送至官府。沈士良虽然为此领取了一顿杖责,但这已经闹得沸沸扬扬的谣言有了新的升级版,说是有人欲剪万人发辫,摄魂造桥,用纸剪成人马,黏入发辫,念咒点血,人马便能行走,可以取人财物。妖言很快传遍了江南市镇乡村,并且沿着黄金水道长江一路向西,波及华北和川陕地区。范围一波一波扩散的结果是,影响了十二个大省份的社会生活。

从春天到秋天的大半年时间里,整个大清帝国都被妖术恐怖动员起来,一大批乞丐、游方僧等受尽冤屈折磨。还有极少数不法者以身试法,利用"叫魂"骗钱。一般平民百姓则忙着寻找破解妖术、保护自己的方法。

恐慌的第二个层面是各级官僚、各地的封疆大吏。和小民百姓不同,他们不会那么轻易地相信所谓"叫魂"的妖术,对妖术谣言也不会像底层百姓那样恐惧和不安。但各级官员都守土有责,他们担心这种妖术恐怖会不利于地方治安,基于这一点,他们不得不认真对待妖术恐怖。

在妖术恐怖初起时,各级官员都力图息事宁人,安抚民众,制止谣言流传,打击传谣者。虽然割取发辫的所谓妖术似乎是在挑战清王朝的剃发制度,但没有人把这种妖术恐怖与谋反联系在一起,更没有人将其上报朝廷。也就是说,各地方官的默契,无形中形成了对皇帝封锁消息的联盟。虽然有"封锁联盟",但乾隆皇帝最终还是知道了"叫魂案","封锁联盟"顷刻瓦解。山东巡抚富尼汉第一个出击,发动了对"叫魂妖术"的围捕,战果显赫:抓获了许多"妖党",从其"口供"中得知掀起这场"叫魂"恐惧的"妖首"就潜伏在江南。乾隆一面命令各省像山东一样全力围捕,各地快速跟进;一面命令江南各省缉拿"妖首"。整个官僚体制都被动员起来,一场对"叫魂"妖术的清剿迅速在全国展开。

第三个层面是清帝国的代表乾隆皇帝。乾隆的目光始终紧盯妖术的威胁,特别是其背后所隐藏的政治阴谋。他最担心的是"谋反"这个问题,他大概从中嗅到了谋反的气味。清兵入关对汉人的征服最明显的标志便是削发,当初为贯彻削发令,"扬州十日"、"嘉定三屠"都发生在江南地区,而这个以剪人发辫为主要手段的"叫魂术"又是从江南最先开始的。他认为这绝不是偶然的。因此,乾隆从一开始就倾注了全部的精力。全国各地将重要的妖法嫌犯解送北京或承德,由乾隆的军机大臣审讯。他坐镇北京和承德行宫,指挥着各省的清剿。

随着清剿的展开,妖术案的破绽越来越多,他最终发现整个叫魂案根本就是一场冤案。为了避免陷入更大的尴尬,乾隆下令停止清剿。同时,为了给自己一个台阶,也处罚了一批地方官吏——理由是,乾隆坚信"叫魂妖法"的祸首肯定潜藏在江南,只是由于这些官吏的失职、无能和不力才让"妖首"未能就擒,因此要追究他们的责任。在牺牲了许多无辜的性命后,案情真相终于大白,所谓的"叫魂"恐怖只是一场子虚乌有的闹剧,没有一件妖案能坐实,乾隆就此"收兵"。

在乾隆眼里,"叫魂妖术案"是一件政治案件,这是他在开始得知事件讯息时就判定的,因为事件里有两个关键词:"江南"和"发辫"。当初清军铁骑南下时,"留发不留头,留头不留发"引发了大规模的满汉冲突,这使得乾隆不得不紧绷神经,认为这是汉人在借机反抗,"叫魂妖法案"掀起滔天巨浪的主因即在于此。"妖法"与主流文化的矛盾始终存在。

宋人罗烨在《醉翁谈录》中将古代小说分为八类,即灵怪、烟粉、传奇、公案、朴刀、杆棒、妖术、神仙。妖术被独辟一类,由此可见,以妖术为题材的小说为数不少。艺术来源于生活,因此,也可以见得妖术在民间文化和民间信仰中是大量存在的。

请看《大唐三藏取经诗话》中《过狮子林及树人国》一章里有一段关于妖术的描述:

> 次早起来……遂令小行者前去买菜做饭。主人曰:"此中人会妖法,宜早回来。"法师由尚未信。小行者去买菜,至午不回。法师曰:"烦恼我心!小

行者出去买菜,一午不见回来,莫是被此中人妖法定也?"猴行者曰:"待我自去寻看如何?"法师曰:"甚好,甚好!"

猴行者一去数里借问,见有一人家,鱼舟系树,门挂蓑衣。然小行者被他作法,变作一个驴儿,吊在厅前。驴儿见猴行者来,非常叫唤。猴行者便问主人:"我小行者买菜,从何去也?"

主人曰:"今早有小行者到此,被我变作驴儿,见在此中。"猴行者当下怒发,却将主人家新妇,年方二八,美貌过人,行动轻盈,西施难比,被猴行者作法,化此新妇作一束青草,放在驴子口伴。

主人曰:"我新妇何处去也?"猴行者曰:"驴子口边青草一束,便是你家新妇。"主人曰:"然你也会邪法?我将为无人会使此法。今告师兄,放还我家新妇。"猴行者曰:"你且放还我小行者。"主人噀水一口,驴子便成行者。猴行者噀水一口,青草化成新妇。

> 猴行者曰:"我即今有僧行七人,从此经过,不得妄有妖法。如敢故使妖术,须教你一门刬草除根。"主人近前拜谢:"岂敢有违。"战战兢兢,乃成诗谢曰:
>
> 行者今朝到此时,偶将妖法变驴儿。
>
> 从今拱手阿罗汉,免使家门祸及之。
>
> 猴行者乃留诗云:
>
> 莫将妖法乱施呈,我见黄河九度清。
>
> 相次我师经此过,好将诚意至祇迎。①

这段文字很是有趣,极有喜感。小行者去买菜,被当地一个会行妖术的人变成了一头驴,而寻踪而来的孙行者见状也不与他打斗使狠,只是以其人之道还治其人之身,把那个使妖术者的新婚妻子变成了一束青草,更好笑的是,将青草放在驴子的嘴边。可以想象,那个使妖术的人会有什么样的神情,那个"新妇"又是多么惶恐,而孙行者又是多么得

---

① 《大唐三藏取经诗话》,中国古典文学出版社1954年版。

意……最后的结局是,施行妖术的人黔驴技穷,只得收起妖法,而且接受了孙行者的劝告,从此虔心向佛,一心向善。

《过狮子林及树人国》写得活泼、俏皮,读了之后能愉悦身心,但有些小说在描写妖法时为博人眼球,怎么刺激怎么写,怎么血腥怎么写。如《三遂平妖传》第十一回《弹子和尚摄善王钱　杜七圣法术剁孩儿》中,讲了一个施行妖术者将小孩子的头斩下来,说是待卖了带来的一百道祛灾却病的符咒就把孩子的头接上去。不料孩子的魂魄被一个过路的也会法术的和尚收去扣在盘子下面,而且他只顾吃酒忘了放出孩子的魂魄。那个施行法术的人接了三次,孩子的头也没接上去。他明白是有人在搅局,再三告饶无果,便再施妖术,将那个和尚的头也斩了下来……虽然最终小孩和和尚的头各归原位,然而过程的描写太过血腥,没有丝毫的美感可言。

再来读一读清代作家蒲松龄《聊斋志异》中《妖术》里的故事。

有个人姓于,别人都尊称他为于公。于公年轻时是个侠义之人,喜好拳术,力气大得能举起高壶(一种供习武人提举,锻炼臂力的器械),挥舞时似旋风般。明崇祯年间,于公在京城参加殿试。他的仆人生病卧床不起,于公很是担心。正好街上有个卜者(占卜打卦预测吉凶的人),据说可以算出人的生死。于公就打算代仆人去问问看。见面后,还没等于公开口,卜者就问道:"你是不是想问你仆人的病情?"于公惊讶地回答说是。那个人说:"生病的人没有什么关系,倒是你要有一场大难啊。"于公让他给自己占卜一下。卜者起了一卦,惊愕地说:"你三天之内会死去!"于公惊讶了许久。卜者从容地说:"我有那么点小法术,你给我十两金子,我为你消灾。"于公心想,生死都已经定了,法术岂能逆天?就不置可否地想起身走人。算命先生见状慢悠悠地说:"吝啬这一点点小钱,到时候不要后悔啊!"于公的亲朋好友听说了,都为他担心,劝他花钱消灾——哪怕把所有的钱都给那个卜者也值,但于公就是不听。

转眼到了第三天,于公端坐在旅店里,静静地观察着,整个白天都没什么动静。到了晚上,于公关上门点起灯,把剑靠在身边,正襟危坐。一更天都快过了,没有一点要死的征兆。他打算上床睡觉了，正在这时，忽然听到窗子的缝隙里有窸窸窣窣的响声。仔细一看，有一个小人儿扛着一支戈进来了；到了房间的地上，那个小人就跟普通人一样高了。于公举起剑，飞速刺去，可惜它飘忽到空中而没有击中，但马上就变小了，又在找窗子缝隙，想要逃走。于公飞快地拿剑砍它，那小人便随手而倒。于公拿过蜡烛一照，原来是个纸人，已经从腰部断了。于公不敢睡下，又坐着等待。过了些时候，又有一样东西穿透过窗户进来了，那东西怪异狰狞就像鬼一样。待它刚刚落到地上，于公立即用剑击打，它应声断为两截，但每截都在蠕动。于公怕它再次起来，就连续地击打砍杀，每一剑都击中了，而且感觉是砍在硬物上的声音。再仔细一看，原来是个泥人，已经一片片地碎掉了。于是于公改坐在窗子底下，眼睛注视着窗子的缝隙。过了好久，听到窗外有个声音就像牛在喘气一样，又似乎有什么东西在推着窗棂，房屋墙壁都在震荡摇摆，看样子要坍塌了。于公害怕会被压住，想着不如出去跟它直接交手，于是猛地拔开门栓，大步跑了出去。这时他看到一个很大的"鬼"，跟房檐一样高;昏暗的月色中,它的脸黑得像煤一样,眼睛闪着黄光;上身没穿衣服,脚上也没穿鞋子,手里拿着弓,腰中挂着箭。于公正在惊讶之际,那个"鬼"已经弯弓射箭了。于公用剑拨开射来的箭,箭掉了;正想用剑砍它,那个"鬼"又射箭了,于公急忙腾挪闪避。箭射在墙上,噔噔地发出声音。看得出那个"鬼"非常愤怒,它拔出佩刀,挥舞如风,对着于公用力劈下。于公像猿猴一样俯身而近,"鬼"的那把刀砍中了庭院里的石头,石头竟然马上就裂开了。于公在它大腿边出击,用剑削中了"鬼"的脚踝,铿锵有声。"鬼"更加愤怒了,像打雷一般地吼叫着,转身又向于公砍来。于公伏下身子向前进击;"鬼"的佩刀落下,砍断了于公的衣袍。于公已经来到了它的腰前,突然发力猛烈地砍它,同时也铿锵有声,这下子,那个"鬼"跌倒在地,硬僵僵地倒地不动了。于公用乱剑反复不断地向它砍去,那发出的声音硬得就像是在敲梆子。过了一会儿,他用蜡烛一照,原来那"鬼"是一个木偶,竟然跟人一样高大。那弓箭还挂在腰边,身上刻画得十分狰狞;被剑击中的地方,都有殷红的血流出来。

于公担心还会有"鬼"来,于是点着灯直到天亮。此后再无动静,他这才明白,这些鬼物都是卜者派遣来的,是想要置自己于死地,以此来显示卜者的法术神奇。

　　第二天,他把这一夜发生的事情告诉了所有的亲朋好友,大家一起来到卜者摆摊的地方。那个卜者远远看见于公一行向自己走来,就一眨眼隐身不见了。有个人对于公说:"他这是隐形术,用狗血可以破解。"于公按他说的,带着一大盆狗血去了。卜者又像之前一样隐藏起来,于公把一盆狗血全都浇在卜者刚才站着的地方。这时只见卜者的头上、脸上,都被狗血弄得模糊一片,只有两只眼睛一眨一眨地像鬼一样地站着。于公把他抓住,交给官府法办了。

　　蒲松龄认为,花钱请人占卜的人其实是个傻瓜。世上信这个而准确地预知生死的人有几个?算得不准还不如不算,况且就算他蒙对了,明明白白告诉你,说你的死期到了,你又能怎样?从占卜者本身来说,用别人的生命来证实他的法术,其本质就更为可怕了。

　　我们应该从蒲松龄的这篇小说得到两个启示:其一,碰到问题要循正当渠道求解,不能像先前的于公那样求解于卜者之流,否则非但缘木求鱼,弄不好,反受其害;其二,没事不惹事,有事不怕事,出了事情要坚决地承担起来,要像后来的于公那样敢于斗争,善于斗争,维护自己的生命(权益)。

其实,巫蛊、妖术之类实际上并不能真的伤害到对方,只是满足一种心理的宣泄,如要处罚的话,一般只能从道德品质和公序良俗方面予以考量。至于诸多神魔小说中,正邪斗法,各施其术,豆兵纸马,虎豹熊罴,伤人无算,尸横遍野等等,皆小说家言而已,当不得真。

第二篇 妖形妖行盛

汉族民间传说《女娲斩康回》中,传说伏羲氏末年,冀州地区出了一个魔君,这个魔头的名字叫康回。它的长相是铜头铁额,红发蛇身,面目狰狞,性情凶悍。它率领部下四处侵略。它好用水攻,所以,在它魔爪所到的地方,那里的老百姓都会溺毙死伤无数。它最后的结局是被女娲打败。[①]

再说一个布朗族民间故事《艾多囡智降妖魔》。大山里出了一个妖魔,这个妖魔身高三庹(一庹约为成人两臂平伸时两手之间的距离),体粗两抱,腿粗一抱,手有一庹长,眼球比碗大,嘴巴像个盆,嘴里的牙齿比刀把还粗。它满身长满毛,手上有尖爪,跑起来像飞,叫起来像打雷。它见兽捕兽,见人吃人,一头野牛只够它吃一顿。因此,山上的野兽一天比一天少,寨子里的人也一天比一天少……[②]

《山海经》中蛇身九头的妖祟相柳、似牛而拖着蛇尾的蜚和上面两个民间故事中的妖有共同特点,即它们的身形面貌

---

① 《中国神话与民间传说》,香港读者文摘远东有限公司1987年版。
② 《中华民族故事大系》第十二集,上海文艺出版社1995年版。

都与人类迥异,它们有五官,有躯体,有四肢,但都大大超出了人类对这些身体部件的经验认识,显得那么的狰狞而恐怖。同时,它们的暴虐凶残似乎也和其长相相呼应,即其恶形恶状与恶行恶状高度一致。正如徐华龙先生所言:"由此可见,妖的原生形象是丑陋的,是将现实生活中的难以寻觅的最具丑感的形象来放置在妖的身上,使之成为丑的象征。"①

相乃由心生

"相由心生"虽最早见于佛教《无常经》——"世事无相,相由心生,可见之物,实为非物,可感之事,实为非事",但有一个典故却更为有名。据说唐朝名相裴度小时候家境极差,贫困潦倒。一天,他在路上巧遇一行禅师。大师看了裴度的面相,发现他嘴角的一条纹路延伸到了口中,这表示裴度可

---

① 徐华龙:《妖、怪、精故事的分类研究》,《文化学刊》,2009年第2期。

能有饿死的横祸,就劝勉他要努力行善积德。裴度谨记在心,日常言行皆遵照大师所言依教奉行。后来又偶然遇到了一行禅师。大师再看裴度目光澄澈,面相完全改变了,就告诉他以后一定可以贵为宰相。果然,裴度在唐宪宗时做了宰相。按照一行禅师的意思,裴度前后面相截然不同,是因为其不断行善积德、断除恶念,精心耕耘心田所致,这就是相由心生。

关于裴度的"相由心生",还有一个版本——《裴度还带》的传奇故事。说是裴度年轻未曾发达时,一个算命先生说他有牢狱之灾。过了一段时间之后,算命先生又见到了他,可是却惊奇地发现他的灾祸已经破解了,于是问裴度是怎样化解的。裴度说他没做过什么,只是有次偶然拾到了一条玉带,后来归还了主人而已。算命先生说,正是这件善事救了裴度一命,而且以后他还会大富大贵。裴度后来果然贵为宰相。这个故事说明了一条真理:凡事都有转机,裴度的"相由心生"正说明人生是在不断变化中——一切皆有可能。

外在面貌和气质往往体现一个人的内在精神,反过来,一个人的内在修养在一定程度上也能决定其外在气质和行为举止——当然,妖不是人,但正因为它们不是人,因此更可以大胆地得出这样的结论:妖的长相之所以如此丑陋,皆是因为内心的残忍、凶暴。

从心理学的层面来说,人的面相都反映着其身体和心理的状态。一个身体健康、身心愉悦的人,通常都是神采奕奕、红光满面;相反,一个体弱多病或者满腹忧愁的人通常是面罩愁云、眉头紧锁。眼界即是心界,面相即为心相,相由心生就是这个道理。

有什么样的心境,就有什么样的面相。一个人的个性、心思与作为,可以通过面部特征表现出来。五代末、北宋初的陈希夷(即有名的道士陈抟老祖)在《心相篇》中开篇明义:"心者貌之根,审心而善恶自见;行者心之发,观行而祸福可知。"——内心是一个人相貌的根本,审察一个人的内心,就可以了解他的善恶之性;行为是一个人心性的外在表现,观察一个人的行为,就可以知道他的祸福吉凶。虽然有点唯心,但还是有些道理的。这就是相由心生的根据。当然,"以貌取人,失之子羽"(《史记·仲尼弟子列传》),对于人,应有这样的观点,但对于妖,"以貌识妖"基本上是错不到哪里去的。

可以说,妖的丑陋是奇形怪相一箩筐,我们先从妖的"怪头怪脑"说起,头可说是生物体最重要的一部分了,妖的形象中就这一部分的畸形也怪异得多。如前文提及的《山海经》中的土蝼"状如羊而四角"。妖孽被被样子像马,却有四只角、羊的眼睛、牛的尾巴、狗的声音。

蒙古族故事《日食和月食的由来》里,天上住着一个魔王,名叫嘎拉珠,它因为偷喝了九十九回天河里的水,所以本领极大。在与天将额尔敦尼玛打斗中,被额尔敦尼玛砍掉了脑袋——脑袋留在了天上,身子掉到了地上。但因为它偷喝了九十九回天河里的水,虽然原来的那个头被砍掉了,但却长出了九个脑袋,成了九头魔王。它在地上疯狂地干坏事:它用一个脑袋向大地喷火,一个脑袋向人间放毒,一个脑袋吃东西,一个脑袋吸动物的血,一个脑袋诅咒,一个脑袋专门吃人,一个脑袋进行捣乱,一个脑袋行骗,一个脑袋对人暗算。①

撒拉族故事《阿腾其根·麻斯睦》:"(英雄)阿腾其根·麻斯睦按照仙女妻子古尼阿娜的吩咐,拿弓挎箭,预先埋伏在大门顶上的干柴堆里……谁料阿奶摇身一变,变成一个九头六臂、青面獠牙的怪物;浑身上下的毛有几寸长,碗口大的眼窝里,闪着绿光。"撒拉语里的"莽斯罕尔",就是九头妖魔的意思。②

哈萨克族故事《英雄坎德巴依》:"……于是,坎德巴依骑着马上路了。那些马驹子果然紧跟在后面。正走着走着,一座大山横在他们的面前,它像七头巨兽似的摇动着向他们逼近,这正是那个七头魔怪……坎德巴依拿起一百帕特曼重的狼牙棒,跃马向魔鬼奔去,一棒就把魔鬼的一个头打落在地。接着一棒、两棒……打下去,魔鬼的另外六个头也一一

---

① 陶阳、钟秀:《中国神话》,上海文艺出版社1990年版。
② 《中华民族故事大系》第十二集,上海文艺出版社1995年版。

落地。"①

东乡族故事《砍柴人的故事》:"……妖怪一听,满心舒坦地说:'噢,那你怎么知道呢?我身上长着七个头呢!就算有个歪汉子(厉害的人)能砍掉我这七颗头,我也能冒出七股筋!这七股筋就算叫那个硬汉子给缠在棍子上,它还能变成七条蛐蜒哩!……'"②

达斡尔族民间故事《姐弟俩》里有一个被驯服的三头莽盖,其形象也强调的是有三个头。

民间故事里的妖魔为什么会有三个头、六个头、七个头、九个头呢?其实,九个也好,七个也罢,这些都是虚数,是说明它们的生命力极强,头脑极聪明。这若干个头都是人们幻化的结果。人们认为,妖魔既然能翻江倒海,兴风作浪,要么弄上十个太阳使得大地赤地千里,要么乔装打扮、糟蹋人畜生灵,它们一定本领很大,很聪明,而脑袋多就是聪明的象

---

① 陶阳、钟秀:《中国神话》,上海文艺出版社1990年版。
② 《中华民族故事大系》第九集,上海文艺出版社1995年版。

征。由此，几个头的妖魔频频出现也就不足为怪了。但奇怪的是，长着几个脑袋、本该绝顶聪明的妖魔最后的结局无一不是大败亏输，丢了性命。这正反映了人们在争取生存权利，在惩恶扬善的斗争中渴望胜利的心理。也就是说，这是一种预设，为的是满足人类的好胜心。

再来说妖那怪异而奇特的五官。

黎族民间故事《仙人湖》里，住在七指岭一个山洞里的魔鬼就有两只铜铃一样的眼睛。纳西族故事《魔穴救姑》里的恶魔独阿八，一次它从外面吃人回来，要被它抢来的女人给它抠抠牙，女人"拿过一把尖锄，左脚踩住恶魔的上唇，右脚踩住恶魔的下唇，往牙齿缝里挖了三下，挖出三具和尚的尸体。接着，她又担了一桶水倒进去，独阿八便咕噜咕噜漱着口……"[①] 如此大嘴，匪夷所思。

铜铃般的眼睛和血盆大口，突然见到这副尊容，肯定能把人吓晕吓昏，但人类的勇敢、理智和智慧最终会战胜自己

[①]《中华民族故事大系》第九集，上海文艺出版社1995年版。

想象出来的恐怖。

最后来看看它们那比例严重失调的四肢和躯体。

"腰广十围,身高三丈,手执一口刀,锋刃多明亮。称为混世魔,磊落凶模样。"这是《西游记》第二回里"混世魔王"的形象——腰粗得要十个人合抱,身高足足有十米,见了如此怪物,谁人不怕?

傈僳族故事《茨帕妞姑娘》里的老妖怪是一个全身长着黄毛的怪物,手指、身上遍处长着黄长毛,肉皮黑漆漆的。《光加桑的故事》中的妖祟全身也都是毛茸茸的。

汉族的《黄帝战蚩尤的故事》里,"蚩尤从山林中驱赶出一群怪物——魑魅和魍魉,魑魅长着人的脸、野兽的身子,叫声凄惨吓人;魍魉个子矮小,红眼睛,红皮肤,披头散发……"[1]

妖类似人非人、似兽非兽,其比例严重失调的四肢和躯体,正说明了这是人类根据自身的体形结构,以及所见到的

---

[1] 陶阳、钟秀:《中国神话》,上海文艺出版社1990年版。

各种野兽的模样,经想象增删扩改而成的。

上述的妖故事中,这些怪形怪相、与人作对的妖祟,无一不是大败亏输,人类则取得了最后的胜利。邪不胜正,正必克邪,民间故事一次次地印证了人类所具有的正能量。

万变不离其宗

民间信仰中的妖,它们除了用比例严重失调畸变的形体来吓唬人之外,为了达到自己的目的,还有一种伎俩就是变化多端。它们会变成各种形象,可以是美女或是俊男,也会变成老虎或野猪。

在一片浓密阴森的树林里,有一个又黑又深的大岩洞,大岩洞里来了一个吃人的妖物。它住在岩洞里,常常到外面寻人吃。它会变成各种各样的人和动物模样,见到小伙子,它会变成漂亮的姑娘;见到小孩子,它会变成慈祥的老奶奶;见到猎人,它会变成肥壮的马鹿……针对人的天性、喜好、弱点变化成各种形象。①这是纳西族民间故事《两姐妹》里会因人而变的妖祟。

古时候,定台山磨盘溪里住着心地善良的青龙王和心肠歹毒的黄龙王。黄龙王暗算了劝它不要发山洪毁坏农田的青龙王,并且为阻拦替青龙王治病的神医阿杠,连着几次变换形象。它先是变成人间少有的"哎赖"(财主),想用一颗大夜明珠拉拢阿杠别去给青龙王治病,遭到拒绝;然后又心生一计,变成一个饱经风霜的老鬼师,在阿杠面前污蔑来请阿杠的青龙王的女儿是妖怪,跟她去会有杀身之祸,但被阿杠一句"当郎中的不怕妖魔鬼怪"给顶了回去;气得脸歪胡子抖的黄龙王不死心,又变成了一个穿着破烂衣服、晕倒在田头的穷后生,还嘴里乱哼、手脚乱扭,想拖住阿杠让他去不了青龙王那里。神医阿杠只得为它把脉,但既强壮又正常的脉象泄露了它的伪装。图穷匕首现,骗局被揭穿了的黄龙王现了

---

① 《中华民族故事大系》第九集,上海文艺出版社 1995 年版。

原形……①这是一则水族民间故事《神医阿杠》。

妖除了会变人、变动物外,还会变植物。达斡尔族故事《哈热勒岱莫日根》说到,一个人去打猎,忽然看到山坡上长着一丛奇形怪状的草,他刚想用手去摸,不料这丛草忽然变成了一个巨魔。巨魔张开血盆大口就要吃他……②

妖的善变的特性,是人类对各种自然现象长期观察的结果。例如,晴日高照,忽然间狂风大作,电闪雷鸣,大雨倾盆;又例如,山间野兽形貌各异,吼声、嘶叫声各不相同;再例如,强烈地震不期而至,山洪瞬间暴发,人死畜伤……他们将那些引起种种灾难的莫名的力量视为妖的各种化身。在与各种灾害长期斗争的过程中,人类求生存的愿望压倒一切,并变成了一种意志力,这种意志力在民间故事里就变成了识破妖的千变万化,并战而胜之的情节了。

妖之所以变化自己的形象,是因为它们在介入人类社

---

① 《中华民族故事大系》第九集,上海文艺出版社1995年版。
② 《中华民族故事大系》第十一集,上海文艺出版社1995年版。

会后,忌惮于人类的勇敢和智慧,只好乔装打扮,以求一胜,但它们的屡战屡败也说明其还是低估了人类的勇敢和智慧。

由此可见,妖祟的善于变化,并非虚幻,是它的实在意义的。正如闻一多先生所言:"我们知道,原始人类从不为故事而讲故事,在他们任何行为都是具有一种实用的目的的。"[①]

"妖为鬼蜮必成灾"

先说景颇族的一个民间故事,故事叫《目脑的传说》。传说景颇族是太阳神的子孙,人们用辛勤的劳动换来丰收,人人和睦相处,过着无忧无虑的生活。后来,不知道从什么地方来了一个吃人饮血的魔王。它吃了一个小孩就长长地睡上一觉,睡醒后又要吃小孩。它强迫人们按时送小孩给它吃,否

---

① 闻一多:《伏羲考》,上海古籍出版社2009年版,第47页。

则,它就凭借它的鬼头刀和妖法,呼风唤雨,翻江倒海,使庄稼淹毁,人畜死亡。从此,景颇人的寨子里再也听不见歌声和笑语,美好的生活破灭了,大家陷入了深重的灾难之中……①

　　傣族泼水节大家都知道,据说有这样一段来历:从前有个魔王,凶残暴虐,想杀谁就杀谁,要怎样就怎样。它本领高强,刀枪不入,水火不侵,经常四处抢掠金银财宝和奴隶,从来没有被别人打败过。它十分好色,已经有了六个老婆,一个比一个漂亮好看,可它还是不满足,又抢了第七个。这"第七个"老婆不但漂亮,而且能说会道,魔王特别喜欢她。有一天晚上,她趁魔王正高兴的时候对魔王说:"听说你本领大,水淹不死,火烧不死,刀剑枪矛都伤不了你,照这样的话,你一定会永远地活在世上了?"魔王说:"那也说不定,我也有怕的东西啊!"她说:"这怎么可能呢,你本领这么大,能怕什么?"魔王说:"这个嘛……我只告诉你一个人,你可别说出去。我最怕人家拿我的头发丝勒我的脖子。"她装着不相信

---

① 《景颇族民间故事选》,上海文艺出版社1991年版。

的样子嘴了嘴嘴,其实她心里在想,这下可有办法对付你了,除掉你这个魔王,免得再有别的姑娘被你祸害糟蹋了。待魔王睡熟后,她轻轻地拔下魔王的一根头发,勒在它的脖子上,然后一用劲,魔王的脑袋就搬了家。她正在庆幸自己如此轻易地就除了这个大魔头,不料那魔王的头突然滚到地上,同时升起了熊熊烈火,火焰里跳出许多鬼怪。她吓得高声大叫,这一叫,把魔王另外六个老婆都引来了。其中有个聪明的,她大着胆子把魔王的头从地上拾起来。说来也怪,魔王的头一离开地面,火焰和鬼怪都消失了。她们不敢把头放下,生怕再有大火和鬼怪。于是七个人轮流抱着魔王的头,每人抱一年。由于魔王的头没有完全死去,经常流血,所以,当前一个抱满一年交给下一个的那天,大家都给前一个人身上泼水,一是要洗去她身上的血污,二是防止魔王的头再起火焰。这样每年一次,泼了七次,每人抱满一年,魔王的头才完全死去。此后每到这一天,大家都互相泼水,并把这天叫做"泼水节"。[①]

---

① 《中国神话与民间传说》,香港读者文摘远东有限公司1987年版。

与人类为敌是妖的本质使然。喝人血,吃人肉,欺男霸女,破坏人类正常生活,甚至使人类无法生活……正所谓"妖为鬼蜮必成灾",上面虽然只是景颇族和傣族两个民族的故事,但这两个故事里的妖基本上将妖与人类为敌的恶行作了暴露。下面我们不妨罗列下它们各种各样瘆人的恶行恶状。

◎ 祸害人畜

《搜神记》卷十六有一则故事,故事原文是这样的:

后汉时,汝南汝阳西门亭,有鬼魅,宾客止宿,辄有死亡。其厉,厌者皆亡发,失精。寻问其故,云:"先时颇已有怪物。"其后,郡侍奉掾宜禄郑奇来,去亭六七里,有一端正妇人乞寄载,奇初难之,然后上车,入亭,趋至楼下。亭卒白:"楼不可上。"奇云:"吾不恐也。"时亦昏冥,遂上楼,与妇人栖宿。未明,发去。亭卒上楼扫除,见一死妇,大惊,走白亭长。亭长击鼓,会诸庐吏,共集诊之。乃亭西北八里吴氏妇,新亡,夜临殡,火灭,及火至,失之。其家即持去。奇发,行数里,腹痛,到南顿利阳亭,加剧,物故。楼遂无敢复上。①

故事大意是说,东汉时汝南郡汝阳县有个西门亭常闹"鬼",在那里留宿的旅客常常有人死亡。严重的,死人的头发都掉光了,骨髓也被吸干。据说,这里原先就有怪物。后来郡府的一位属官郑奇来到这里,在离西门亭六七里的路上,遇到一个长相端正的妇人要求搭车,开初郑奇有点为难,后来还是让她上了车。到了西门亭,郑奇不理亭卒的"不能上楼去"的劝阻,就与搭车的妇人一起上楼睡觉了。第二天天还没亮,郑奇就起身离开了。待亭卒上楼打扫清洁,见到一个死去的妇人,连忙跑去报告亭长。亭长召集所属各里吏来察看辨认那死去的妇人,查明她是亭西北八里吴家的妇人,刚刚死亡,前天晚上正要装进棺材时,灯突然熄灭了,等到再点亮灯时,妇人尸身就不见了。再说郑奇出发走了几里路就感到腹痛,后腹痛加剧而死。从此,再没有人敢去楼上住了。

---

① [晋] 干宝:《搜神记》,中华书局1979年版,第205页。

上文故事中虽然有"鬼魅"一词,但这里的"鬼魅"是对各种妖祟精怪的概称,并非专指"鬼"。何以见得?若是鬼,故事应当交代这个鬼是来复仇索命的还是来找替身的,所以此处"鬼魅"其实就是妖,它有妖祟的行为特点:随意作恶,"害人不利己"。以前死去的"宾客",刚刚死去的妇人尸身消失、出现、上楼、又死去,还有郑奇的死,都是妖在与人作对,是祸害捉弄所致。

仫佬族民间故事《桃枝的传说》:传说很久很久以前,仫佬人生活的地方年年风调雨顺,五谷丰登,六畜兴旺,人们丰衣足食。忽然,有一年,正当禾苗扬花的时候,老天七七四十九天不下一滴雨……村民在族长巴洛的带领下,到深山洞里挑水抗旱,禾苗得救了。就在这时,老天又突然连下了七七四十九天大雨,山洪暴发,河水猛涨,人和牲畜都在汪洋大海中挣扎。正在此时,一个庞大的蟒蛇头,睁着两只灯笼般的眼睛,张着血盆大口出现在人们面前,大声吼道:"人们听着,我乃龙王公子,你们要想风调雨顺,每年必须把一对童男童女投入潭内孝敬本公子,如若有误,妖法不容。"说完,巨浪滔天,天昏地暗——原来,七七四十九天不下一滴雨和七七四十九天滂沱大雨都是它造的孽……从此,灾难便年年降落在仫佬人的头上。再说那个蟒妖,开始时要人们一年送一对童男童女,后来胃口越来越大,每个月就要送一次,再后来又由一个月减到半个月、十天,甚至五天就要送一次……①

在科学知识一片空白的远古时代,面对能随时置人于死地的风霜雷电、暴雨山洪、虎豹虫豸等灾难,人们束手无策,毫无抵御能力;对疾病,特别是流行性传染病之类毫无概念,更无医治手段,尤其是生命力极端脆弱的婴幼儿,死亡率居高不下;仅有的财产——被驯化的家禽家畜无端地倒地而亡……人们只能归因于妖魔肆虐。上述几个妖故事,我们只是采选了妖祟伤害人畜的有关情节,没有将故事讲完。欣慰的是,这几则故事的后续部分都体现了人类对妖魔战而胜之的精神渴求,其结局都是人击溃了妖祟,争得了生存权。

---

① 《中华民族故事大系》第十一集,上海文艺出版社 1995 年版。

◎ 造假太阳

阿昌族民间故事《遮帕麻与遮米麻》：火神兼旱神腊訇来到了大地上，这个魔王的本性是骄横乱世，以毁灭幸福和制造灾难为乐。它看到人们白天男耕女织，晚上唱歌跳舞，日子很幸福，便本性发作。它造了个假太阳钉在天幕上，不升也不降，使得地面上只有白天没有黑夜。天空像个大蒸笼，地面比烧红了的铁锅还要烫。水塘干了，草木枯萎了，水牛的角被晒弯了，黄牛的背被烤焦了。腊訇还不甘休，它要把地面上的动物赶下水，把水里的动物赶上山，还强令树木倒着长。游鱼在山头打滚，走兽在水里挣扎。整个世界陷入一片混乱。[1]

◎ 制造大旱

旱灾是靠天吃饭的农业社会里常见的一种自然灾害，面对赤地千里，人们无法理解，只能归罪于妖祟的作恶。制造旱灾的罪魁祸首，除了旱魃这一个最大的祸害外，还有各种

---

[1] 据陶阳、钟秀：《中国神话》，上海文艺出版社1990年版。

妖孽。

如《山海经·南次三经》:"有鸟焉,其状如枭,人面四目而有耳,其名曰颙,其名自号也,见则天下大旱。"①颙,模样像枭,长着人的脸,有一对耳朵、四只眼睛,它出现在什么地方,什么地方就会发生旱灾。

《山海经·西次四经》:"有鸟焉,其状如鸮而人面,蜼身犬尾,其名自号也,见则其邑大旱。"②这个"人面鸮",长着一张人的脸,猿猴一样的身体,还有一根狗的尾巴,它出现在什么地方,什么地方就会赤地千里。

◎ 水灾泛滥

《山海经·南次二经》:"有兽焉,其状如禺而四耳,其名长右,其音如吟,见则郡县大水。"长右,状如长尾猿,有四只耳朵,它发出的声音就像人在呻吟,它若出现,所到之处就一

---

① 袁珂:《山海经校注》,上海古籍出版社1980年版,第18页。
② 袁珂:《山海经校注》,上海古籍出版社1980年版,第65页。

片汪洋。①

水族故事《水麒麟的故事》：麒麟河边土地肥沃，五谷丰登，人们的日子十分快乐。一天，被水龙王囚禁的小妖龙趁龙王外出时逃出牢笼来到麒麟河，凭借武力霸占了麒麟河。它随意残害鱼虾、贝类，惹得水族们叫苦连天，到处是鱼虾、贝类的残体。水族们向麒麟河的总管水麒麟求救。水麒麟找到小妖龙，要小妖龙快快离开麒麟河。可是小妖龙不听劝告，而且向水麒麟发起攻击，要把水麒麟咬死。水麒麟发起了自卫反击。小妖龙施展妖术，朝水麒麟连连喷出水柱，随之，河水猛涨，房舍被淹，人也被卷进汹涌的水浪中。②

◎ 助纣为虐

前文讲过的混沌，如果遇到善人，它便会大肆施暴；如果遇到恶人，便会听其指挥，典型的助纣为虐。此外，也是"四

---

① 袁珂：《山海经校注》，上海古籍出版社 1980 年版，第 10 页。
② 《中华民族故事大系》第九集，上海文艺出版社 1995 年版。

凶"之一的穷奇,"闻人忠信辄食其鼻,闻人恶逆不善辄杀兽往馈之",也是个善恶观念完全颠倒的妖。

地震、山洪暴发、旱灾、水灾等灾害频频降临人间,无法知其所以然的古人,幻化了一个假想敌——妖。既然有了特定的敌人——虽然是假想的,但也要与之斗争,生存欲望被激发起来,最终战而胜之。这样的斗争过程渐渐形成了一个个故事,流传开来。同时,自然灾害都有一个周期性,每当周期过去,灾害平息,这也会被人们认为是那个假想敌——妖被打败了,被击退了。上述故事中,无一不是以妖的大败乃至死去为最后的结局,自然灾害过了暴发期进入周期性间歇也是其中原因之一。

先民灵智未开,因此,人与灾害作斗争的故事归作成人与妖的斗争故事,在流传过程中不断衍变,或将漫长的几代人的斗争过程浓缩为一两代人的事,或将全民参与的事浓缩为一两个英雄人物的战功,或将人类经过艰苦卓绝斗争取得的胜利归功于上天、天神。总之,人的最后胜利是毋庸置疑的,这也是民间故事中设置"妖"这一角色的真谛。

第三篇　神器十八般

妖有妖术，人与妖斗，还总能取得胜利，也必定有百般方法。正所谓"魔高一尺，道高一丈"，经年累月，妖术愈多，人类的各种降妖伏魔法宝、神器也就愈多。

满族神话《恰喀拉人是怎么来的》中说，远古时候，有一个老妈妈神，闲来无事的时候，她用石片刀刻了几个木头人，拿到太阳底下去晒，太阳一晒，这些木头人就活了。这些人中间，有男有女，有老有少。这些人就是恰喀拉人。后来，恰喀拉人也用木头刻神，刻好了，就供起来。因为神用木头刻人，人用木头刻神，人供神时，神一定知道是哪个人供自己的。这些神能治妖祟，常常是一种神治一种妖祟。① 这里人不是用神器打妖怪，而是直接请神来治妖了，而且还是一神专治一妖，其用心之深可见。

俗话说，一物降一物，总有一款法宝能够对付妖术。妖术终会遇到克星。傈僳族民间故事《木必扒的传说》开头是这样说的：传说从前，怒江两岸的傈僳族和怒族人，同妖精

---

① 据陶阳、钟秀：《中国神话》，上海文艺出版社1990年版。

混居在一起。妖精生性凶残,常到人的家中偷牲畜害人命,弄得人不得安宁。可是,天生出了妖精,也生出了木必扒——木必扒是傈僳族传说中降妖的英雄。[①]

"天生出了妖精,也生出了木必扒。"这是一句极富哲理的格言警句。

智勇胜妖祟

降妖伏魔的英雄和克妖制胜的法宝在民间传说和民间故事中难计其数。而在这众多法宝里,最不容忽视的或许还是人类自身的"勇气"与"智慧"。

◎ 一往无前勇者胜

勇敢是人类的一种精神,没有这种精神,人类社会的发展是无法想象的,更不要说会有今天的文明昌盛。民间故事

---

① 《中华民族故事大系》第七集,上海文艺出版社1995年版。

里降妖伏魔的英雄就是人类的代表,他们身上"勇敢"的特征显著。

东乡族故事《赤孜和拉妠滩的传说》讲述:不知多少年以前,在深不见底的淖尔湖里,住着一个十分可怕的毛速木恶魑(妖魔)。它长得七头八丫叉,铁手铜指甲,只要看上啥东西,一把抓住绝不放手。村里人怕毛速木恶魑作怪害人,每年秋后都要往淖尔湖里投进七七四十九笼白面馒头、八八六十四盘酥散(一种油炸食品),不然的话,惹恼了它,它不是用冰雹把庄稼打得一片不留,就是刮黑风把人和牲畜卷进淖尔湖里。英俊青年赤孜为了铲除毛速木恶魑,与它一阵恶斗,打伤了毛速木恶魑后,自己也掉进淖尔湖里死去了。赤孜的妻子、漂亮姑娘拉妠被毛速木恶魑抢去了。一心要为丈夫报仇的拉妠与妖孽虚与周旋,弄清了毛速木恶魑手里拿的那个神秘的葫芦的秘密。她机智地拿到葫芦,用尽全身力气,勇敢地用牙齿咬开葫芦盖子……"只听'嘭'的一声巨响,里面放出一道黑气,顿时水宫左摇右摆,上震下荡,整个淖尔湖的水在隆隆的响声中一泻而空,毛速木恶魑被水冲走了,再也不能出来害人了。美丽而善良的拉妩呢,人们再也没有见过她……"[1]

羌族流传的《人神的故事》说的是,山寨里出了一个犊疫王(羌族民间传说中的一种妖怪),它手下有一大批小犊疫。犊疫王和它的那些小犊疫都要吃娃娃。今天吃这个,明天吃那个,把寨子里的男娃娃都要吃完了。

寨子里有个女子,有一天她下山去背水,踩了一个脚印,回来后就怀了孕,不久就生了一个儿子。因为他没有父亲,别人都叫他独儿子。过了几年,独儿子长大了。他的脑袋、眼睛和耳朵都特别大。还有,就是他的力气大,勤快,心肠好。犊疫王把寨子里的男娃都吃光了,要吃独儿子。第一次,犊疫王变成一条花牛,朝独儿子撞去,被独儿子用刀刺中了肚子,花牛死了,但犊疫王没死,它又变成了一个人的样子。第二次,独儿子知道犊疫王还要来吃他,就拿着弓箭藏在竹筐里,待到犊疫王带着一大帮小犊疫来到家里时,瞅准机会用力将箭射

---

[1] 《中华民族故事大系》第九集,上海文艺出版社 1995 年版。

向犊疫王的额头,痛得犊疫王在地上滚来滚去……但犊疫王没有死,它逃回山里养伤。独儿子几次三番上山与犊疫王挑战,最后在与犊疫王比试摔跤时将犊疫王砍死了。[1]

类似的降妖勇士的故事还有很多,如藏族长篇史诗《格萨尔王》主人公格萨尔王南征北讨、降妖伏魔的事迹。"勇"可谓是人斗妖的第一武器。

◎ 以智取胜

人在与妖的交手中总是以人的大获全胜而结束,这一方面或表明人对各种灾难、灾害的藐视和蔑视,表达了人类在与自然的抗争中高度的自信和乐观主义精神。这种自信和乐观主义精神,是人类能从蒙昧阶段走到今天高度文明阶段不可或缺的;另一方面,这或许也可看出些民智渐开的意味。先民原处蒙昧状态,对自然的恐惧化作为妖。而随着对自然的认知日渐成熟,人从最初的以自然为中心开始转向对自我

---

[1] 《中华民族故事大系》第十一集,上海文艺出版社1995年版。

的关注。人类有了一定的智慧,也就有了一定的信心靠自身来战胜妖魔。

之前提到的东乡族传说《勒退夫智斩妖龙》中,青年勒退夫为了杀死祸害乡亲的妖龙,刻苦地学会了本领,回到了家乡。为确保斩杀妖龙,不留后患,他请来村子里的父老乡亲,商量出了一个办法。由与勒退夫心心相印的姑娘阿依莎带着人绑扎了成千上万的"阿依农"(草人)分别插在山的周围,让人们都藏在草人的背后。同时再挑了好多年轻人,悄悄地从妖龙存身的山洞背后挖洞。挖通后,人们点燃辣椒和鼻烟来熏烤妖龙。妖龙经不住烟熏火燎,猛地蹿出山洞,妄想逃命。这时躲在成千上万草人后面的乡亲放开喉咙,呐喊助威。妖龙见到漫山遍野都是愤怒的人群,胆战心惊。正当妖龙惊慌失措之时,勒退夫手持大刀,向妖龙砍去……众人的智慧战胜了妖龙。[①]

布朗族故事《艾多因智降妖魔》中,为了抵抗妖魔,寨子

[①] 《中华民族故事大系》第九集,上海文艺出版社1995年版。

里的人聚在一起商量对策,大家想啊想啊,想出了两个办法,人们分成两组分头去准备。第一组的办法是用毒药毒死妖魔。他们捉来一头野牛,把毒药塞进野牛的肚肠里,把野牛抬到妖魔经常出没的路边。可是到了第二天,人们发现野牛肉被吃光了,但塞有毒药的野牛肚肠动也没动过。原来妖魔的鼻子太灵,毒被发现了。见毒不死妖魔,成天观察妖魔出没的第二组人开始行动了。一天,他们见那个妖魔钻进了茅草山。那茅草山又高又大,山上长满了两三人高的野茅草。人们一见妖魔进了山,就立即顺风放火,火呼呼地一路烧上山去,火光映红了整个天空。可是那个妖魔比火跑得还快,顷刻间,它便跑出了茅草山——妖魔的一根毫毛也没有烧着。后来人们又想出用七七四十九根葛麻扭成的巨绳和一根百年老竹做成的竿扣,先把妖魔套住,然后再杀死它。妖魔套倒是被套住了,可是又被它那巨牙咬断了竿扣,逃走了。

　　人们几乎绝望了。就在这时,寨子里一个叫艾多囡(傣语,小矮人的意思)的人站了出来。他准备了一箩鸡蛋、一箩舂细的辣椒面、一箩生珠栗果,暗藏着一把锋利的腰刀。艾多因带着这些东西去找妖魔了。他找到了妖魔,妖魔因为艾多因人太小,吃了还不够它塞牙缝,所以就没打算吃他,而且还让艾多因给它做做挠痒痒之类的事。这天,机会来了。妖魔呼呼入睡,艾多因把一箩辣椒面放进了装水的竹筒,又把一箩生珠栗果埋在火塘下面,把一箩鸡蛋的蛋清全部泼洒在地上,又砍来两根野芭蕉树干放在它的身边。妖魔一觉醒来,感到浑身发冷,想烤烤火,但火塘里的火已经快要熄了,它只好弯下腰对着火塘去吹火。就在它使劲地吹火的时候,埋在火塘底下的珠栗果"噼里啪啦"地炸了开来,炸起的火灰糊满了妖魔的一头一脸,眼睛直流泪水。它摸到盛水的竹筒,倒水来洗眼睛,结果,拌了辣椒面的水辣瞎了它的眼睛,它痛得直跳,结果一脚踩在地上的鸡蛋清上,重重地滑倒在地上。就在它在地上乱抓乱摸的时候,艾多因做好人似的把两根粗大的野芭蕉树干递给它作拐杖。要知道,野芭蕉树当中的瓤是软的,妖魔接过野芭蕉树干使劲一捏,它的两根锋利的爪子都插进了野芭蕉树干里。这时的妖魔,眼睛睁不开,一手拎着一根野芭蕉树干,地上又滑……艾多因见妖魔中了自己的计，便抽出暗地里藏着的腰刀，朝妖魔刺去，而且就像一个灵活的小猴子那样，跳过来跳过去，想刺哪里就刺哪里……妖魔浑身是洞，渐渐气息奄奄，躺倒在地上。艾多因抱来干草，拾来干柴，都堆在妖魔身上，再点上火……妖魔终于死了。①树立必胜的信念，不屈不挠，屡败屡战，一计不成再生一计，直到最后战而胜之。用现代话说，就是战略上藐视敌人，战术上重视敌人，运用智慧调整自己的战术。

"以毒攻毒"治服妖魔也是一种智慧。《太平御览》卷八八二引《郡国志》："陵州仁寿县有陵井，出盐；井有玉女祠。初玉女无夫，后每年取一少年人掷置井中。若不送，水即竭。又蜀郡西山有大蟒蛇，吸人；上有祠，号曰西山神。每岁土人庄严一女置祠旁，以为神妻，蛇辄吸将（去）。不尔，即乱伤人。周氏平蜀……择日设乐，送玉女像以配西山神。自尔之后，无复此害。"②玉女配山神这一方法，既满足了这对妖孽

---

① 《中华民族故事大系》第十二集，上海文艺出版社1995年版。
② 转引自袁珂：《中国神话传说词典》，上海辞书出版社1985年版，第470页。

的诉求，又使人类永不受其害，可谓一石多鸟。手段平和巧妙，真是大智慧。

镇妖法宝齐

◎"桃之夭夭"

民间文化中多认为桃树是首席灵物。"夸父追日"的神话说，追赶太阳的夸父临死前将手中的拄杖抛出，化成了一片桃林，为后人遮阴，果实为后人解渴。人们认为，"五木之精"的桃树是追赶太阳的英雄所化，所以桃木能制鬼避邪，而且相信无论是桃树的主干、枝桠或者是其衍生品都具有非凡的召神遣将、制妖辟邪的功能。这也是一种英雄崇拜情结。其实，我们古代有很多神话提到了桃树（桃木）及其衍生品的神异功能。

桃符

请看下面一则出自东汉学者王充《论衡·订鬼》中的神话。

传说东海有座大山叫度朔山,又名桃都山。山上有一棵蟠曲覆盖三千里的大桃树,树顶上有一只金鸡,每当日出则报晓天下。这棵桃树的东北一端,有一根拱形的枝干,树梢一直弯到地面,就像一扇天然的大门。度朔山上住着各种妖魔邪祟,它们进出只能经过这扇"鬼门"。天帝怕这些妖祟祸害人间,就派了两个神将去把守,一个叫神荼,一个叫郁垒。两员神将专门监察鬼怪的行为,发现哪个鬼怪为非作歹,便用草绳捆起来送去喂老虎。后来,人们每逢过年,便用两块桃木刻上神荼、郁垒的像或写上他俩的名字,分别挂在门的两边,叫做桃符,以示驱灾辟邪。神荼、郁垒这二位就是人们常说的门神。

　　要说明的是,这里的桃符之"符"与道教中的符咒之"符"不是一回事。桃符之"符"相当于古代君主传达命令或者调兵遣将用的凭证,是双方各执一半、合起来以验真伪的兵符,如信陵君窃符救赵的那种符。到了晚唐五代时期,人们用纸代替桃木,写上吉利语句贴在门上,即现在的春联,也可叫桃符。宋代王安石的名句"总将新桃换旧符"中的"桃符"就是指春联。

桃枝

关于桃枝驱邪,有一则神话不可不知。相传久远以前,在东海的东少山上住着神荼、郁垒二位神仙,他们各自手持桃枝,专司捉拿妖邪,捉住以后即用手中的桃枝抽打。妖邪重则击毙后喂虎,轻则扭曲变形,永世不得超生。久而久之,妖魔邪祟非常惧怕神荼、郁垒二神,更惧怕他们手中的桃枝。它们把桃枝看做一种刑具,一见桃枝即远远躲开。桃枝辟邪由此而来。

桃枝也可以用来降妖。传说,在古时肥城的陶山(一说桃山)上有七十二洞,洞洞都有妖魔邪祟。每当夜幕降临,七十二洞妖怪便钻出洞来,兴风作浪,祸害百姓。神荼、郁垒二神听到此事后怒不可遏,他们飞速前往,就地取材,折下桃枝作为武器,将妖魔鬼怪打得落花流水,死的死,伤的伤,侥幸逃走的看见桃枝仍会魂飞魄散。因神郁二神到肥城所折的桃枝是肥城东南方向的,所以肥城东南的桃枝便有了灵气。此后,当地百姓便将肥城东南方向桃树的桠枝折下,或做成宝剑悬挂在室内，或刻成桃人、桃符悬在屋梁上、房门后。据说如此这般，妖魔邪祟见之则闻风而逃，再也不敢祸害人了。

发展到后来，人们在盖新房时要在房屋四角钉上桃枝，以保家宅安宁，大吉大利；迎亲嫁娶时，也用上桃枝，意为婚姻美满，富贵平安；逢年过节，要在门边挂上桃枝，以之镇宅驱祟，纳吉接福。

少数民族中也有桃枝能驱邪保平安的信仰。之前提到的仫佬族民间故事《桃枝的传说》说了这么一件事：传说很久以前，一向风调雨顺、五谷丰登的地方突然之间天干地裂，树木枯黄，禾苗焦死；又突然之间连下七七四十九天大雨，山洪暴发，河水猛涨。这些原来都是蟒妖作恶的结果。它威胁说，只有不断地将童男童女供它吞食，这个地方才能像以前一样风调雨顺。仫佬族的人口本来就少，这样一来，人口更是越来越少。仫佬族族长的两个儿子跌培、跌猛挺身而出，誓要杀死蟒妖。他们克服千难万险，最后他们的精神感动了南山仙子。南山仙子给了他们一根桃枝。跌培、跌猛拿着桃枝，来到蟒妖藏身的洞口，待到那蟒妖刚把头伸出洞口，跌猛便挥动桃枝,向蟒妖狠狠打去,只听得一声尖叫,那谷桶大的蟒妖的头便掉进了水里……仫佬山乡响起了欢呼声,人们从此又过上了丰衣足食的日子。①

桃木剑

桃木剑具有桃木和剑双重驱妖辟邪的功能。桃木的神奇功能已在前面说过了,这里我们借用徐华龙先生的一段话,简单地说说剑的驱妖功能。"剑,在道教中,又称法剑。因为剑难于铸造,剑身如流矢,故传有神异。唐齐己《古剑歌》云:'古人手中铸神物,百炼百淬始提出。'《通玄灵宝道学科仪》介绍作剑之法,要'斋戒百日,乃使锻人用七月庚申日、八月辛酉日,用好铤若快铁,作精利剑'。眠卧之时,要视呼之名字,则'神金晖灵,使役百精,令我长生,百邪不害,天地相倾'。由此可见,在道家看来,是很具神力的,能驱邪逐妖……"②

---

① 《中华民族故事大系》第十一集,上海文艺出版社1995年版。
② 徐华龙:《妖、怪、精故事的分类研究》,《文化学刊》,2009年第2期。

由此看来，桃木剑可以镇宅、辟邪的说法是有其缘由的。《辞源》上也写道："古时刻桃木剑立于户中以避邪。"明清两朝，桃木剑驱病压邪之说日盛，人们常将桃木刻削成宝剑的样子佩戴于身上，仗剑行走江湖。桃木斩妖剑是道家的重要法器。

《封神演义》中云中子用来帮助商纣王消灭王宫中妖气的就是桃木剑。三国时期的曹操，因疑心太重，落下头疼病，久治不愈，后经军师提议，精选优质桃木，制成一把桃木剑，悬挂室内，头痛之症不治自愈……这样的记载，数不胜数。

在中国民间，桃木一直是辟邪的重要法器。直到现在，许多公司、店铺中都悬挂着一把桃木剑，据说它有助于旺财、聚财，使生意兴隆、事业顺利，甚至能帮助解决企业发展缓慢、买卖经营困难等问题。中国北方、港台地区及东南亚地区有很多人家将桃木剑挂在屋内，用以镇宅辟邪，说是可以化解室内的多种煞气，是镇宅化煞的必备品。

◎ 斩妖剑

剑为"百兵之君"。剑术，是冷兵器时代十八般武艺中最富于变化的一种。且看这些名剑："剑祖"欧冶子所铸的湛卢、纯钧、胜邪、鱼肠、巨阙、龙渊（唐朝时避李渊名改为"龙泉"）、泰阿、工布（一作工市）；欧冶子徒弟（一说为其婿）干将与妻子莫邪共同铸造的雌雄宝剑干将、莫邪。再看看他们铸剑所用的原料："采五山之铁精，六合之金英"。《吴越春秋·阖闾内传》记载了他们铸剑过程中的场面："候天伺地，阴阳同光，百神临观，天气下降而金铁之金不销沦流……干将妻乃断发剪爪，投于炉中……金铁乃濡，遂以成剑。"铁块熔化不开，干将的妻子莫邪纵身跳入炉中（献身炉神），宝剑才顺利铸成。再加上干将莫邪之子眉间尺杀楚王为父报仇的故事，所有这些都给剑平添了许多灵异之气。后来道家将剑纳入自己的降妖法宝系列。

王嘉《拾遗记·昆吾山》中记载：

> 昆吾山，其下多赤金，色如火。昔黄帝伐蚩尤，陈兵于此地，掘深百丈，犹未及泉，惟见火光如星。

地中多丹,炼石为铜,铜色青而利。泉色赤。山草木皆劲利,土亦刚而精。至越王勾践,使工人以白马白牛祠昆吾之神,采金铸之,以成八剑之精:一名掩日,以之指日,则光昼暗。金阴也,阴盛则阳灭。二名断水,以之划水,开即不合。三名转魄,以之指月,蟾兔为之倒转。四名悬翦,飞鸟游过触其刃,如斩截焉。五名惊鲵,以之泛海,鲸鲵为之深入。六曰灭魂,挟之夜行,不逢魑魅。七名却邪,有妖魅者,见之则伏。八名真刚,以切玉断金,如削土木矣。以应八方之气铸之也。其山有兽,大如兔,毛色如金,食土下之丹石,深穴地以为窟;亦食铜铁,胆肾皆如铁。其雌者色白如银。昔吴国武库之中,兵刃铁器,俱被食尽,而封署依然。王令检其库穴,猎得双兔,一白一黄,杀之,开其腹,而有铁胆肾,方知兵刃之铁为兔所食。王乃召其剑工,令铸其胆肾以为剑,一雌一雄,号"干将"者雄,号"镆邪"者雌。其剑可以切玉断犀,王深宝之,遂霸其国。

后以石匣埋藏。及晋之中兴,夜有紫色冲斗牛。张华使雷焕为丰城县令,掘而得之。华与焕各宝其一。拭以华阴之土,光耀射人。后华遇害,失剑所在。焕子佩其一剑,过延平津,剑鸣飞入水。及入水寻之,但见双龙缠屈于潭下,目光如电,遂不敢前取矣。①

远古初民心里充满生存忧患,怪兽异禽、妖祟鬼魅每时每刻在制造凶兆灾难。他们向往创造出征服各种妖魅的利器,斩妖剑就是金属武器的神异化。斩妖剑之所以有如此的威力,正因为它是以天地山川、日月雨露之精华锻造而成的。

宝剑斩妖的故事不胜枚举,请看下面两则。

相传很久以前,汝河两岸出了一个瘟魔,每年都要散布瘟疫,成千上万的人因此而死去。有个叫桓景的年轻人,决心访仙求道学习法术战胜瘟魔,为民除害。他跋涉了千山万水,终于找到了仙人费长房。仙人见他为民除害心诚意

---

① [前秦]王嘉等撰:《拾遗记》(外三种),上海古籍出版社2012年版。

切,就收他为徒,教他法术,并给了他一把降妖青龙剑。得知瘟魔将要再次肆虐的消息,桓景背上了降妖青龙剑,以及费长房让他带上给父老乡亲避瘟疫的一包茱萸叶子和一瓶菊花酒回到了家乡。他回到家乡,就带领家人和乡亲们登上了附近的一座山,让他们每人喝一口菊花酒——不会染上瘟疫,每人身上插一片茱萸叶子——瘟魔不敢近身,然后回到村里,端坐在家中。瘟魔来了,它见村中无人,抬头看到人们都在山上,而且山上不时飘来菊花酒的气味和茱萸的异香,不敢近前,又回到村子里。瘟魔见桓景一个人坐在屋里,大吼一声,扑了过去,桓景立即拔出宝剑,迎面刺去。瘟魔一闪身避过……经过几个回合,瘟魔渐渐不支,拔腿就跑,只见桓景高举闪着寒光的降妖青龙剑,一个跨步追了上去,一抬手,宝剑直刺瘟魔后背,再用力一送,剑尖从瘟魔的前心透出……①

---

① 陈晓勤、郑土有:《中国仙话》,上海文艺出版社1990年版,第424—425页。

毛南族民间故事《朗追和朗锤》：妖怪来到村子里，除了朗追、朗锤两兄弟和另一对姐妹外，村上的人都被它吃了。朗追和朗锤两兄弟决定除掉妖怪。他们带上仙女妈妈给的宝剑，寻到了妖怪。哥哥用剑砍掉了妖怪的头，可是妖怪又给安上去了；弟弟用箭射中了妖怪的胸口，可是妖怪吐口吐沫在手上，抹了抹胸口又好了。晚上妖怪回到了山洞里，两兄弟伏在洞口偷听里面的动静。当他们知道了妖怪最怕鸡屎和柚子皮捣成的药膏的秘密后，连夜制成。第二天，妖怪又来了，朗追用涂满了膏药的剑尖刺向妖怪，朗锤用涂满了膏药的箭头射向妖怪。几个回合后，妖怪一命呜呼。故事中的"妖怪"就其行径而言实为妖类无疑。

明代余象斗所著的《北游记》（又名《北方真武玄天上帝出身志传》）是一部神怪小说，叙写了真武大帝降妖的故事。小说中，祖师（玄天上帝、真武大将军）用的就是一柄宝剑：

> 祖师拔出三台七星剑，念动真言，望井中一指，那二妖走出井外，与祖师对敌。祖师又用剑自南方

一指,北方一指,水火俱到,二妖大败而走。祖师赶去,那二妖走入莲藕之中。祖师赶近一见,取起莲藕在手,乱乱而砍至尾。二妖躲在内中大惊,摇身一变,将身化粟米大,祖师扳下一粒来,正是二妖藏身之处。二妖下地便走,祖师见二妖走了,又赶至一石榴树。正见二妖走在石榴树上,去石榴中躲避。祖师一见,将三台七星剑自南至北一指,水火俱到,石榴枝叶摇动,红光耀人,将树带根罩起,二妖怕见水火,不敢走脱。祖师念动咒语,水火大作。二妖在内,龟怕火,蛇怕水,难禁火烧水淹,只得连声叫苦。祖师曰:"愿降否?"二妖连声答应,愿归顺上帝。祖师住了水火。二妖出见祖师,拜伏在地。祖师曰:"汝二人甘心肯降否?"二妖曰:"永随上帝,不敢反异。"祖师曰:"汝既倾心肯降,各现本身形象,与我一看。"龟、蛇得令。蛇变原形,生得独角金鳞铁骨,龟形生得背有九宫八卦,三眼三尾。祖师见现出真形,用七星剑押住,取出火丹二枚,与二妖各吞一枚,吩咐曰:"汝二人适才食我火丹在腹,久后若有反乱,呼声火发,汝命即死。"二怪拜服。①

正因为剑象征着驱灾辟邪,因此,以降妖驱祟为己任的道家方士云游四方时都是身背宝剑。

在民间信仰中,水生植物菖蒲为五瑞(菖蒲、艾草、石榴花、蒜头、龙船花五种植物,合称"天中五瑞")之首。它的叶片像一把宝剑,象征着可以祛除不祥,端午时节插在门上,可以辟邪。因为菖蒲生长在水里,所以方士们称它为"水剑",又称"蒲剑"。

旧时端午时节有些人家的门上贴有"手执艾旗招百福,门悬蒲剑斩千邪"的对联,还挂上菖蒲削成的蒲剑。菖蒲剑斩妖最有代表性的一个故事就是唐代魏徵梦中斩龙,他用的就是菖蒲剑。说到魏徵梦中斩龙,不妨简单介绍一下,这个故事《西游记》第九回也有类似的情节。

唐贞观年间,都城长安一带连年旱灾,赤地千里,黎民百

---

① [明]余象斗:《四游记》,上海古籍出版社1986年版。

姓天天焚香祷告,逐魃求雨,但就是盼不到一星半点的雨水。玉帝闻之,动了恻隐之心,下达了第二天降雨的指令,而且注明了雨量的分布。不料,就在玉帝降雨令刚刚下达,但还未送达执行者泾河老龙那里的时候,却被一个算命先生袁守成的人算到了。他就把这个消息告诉了长安城里的人:第二天午时三刻将要下雨,雨量是城内三点,城外七点。再说,行云播雨的执行者泾河老龙不信,它想,自己并未接到指令啊,于是就与算命先生打赌。待它回到府中,风雨簿已经送达。簿子上写得清清楚楚:辰时布云,巳时行雷,午时下雨,未时雨停。时辰、雨量与算命先生所说一点不差。为了不输掉赌局,泾河老龙私自篡改玉帝指令,把城内三点改为七点,城外七点改为三点。结果可想而知,城内普降暴雨,淹死许多人,城外却只落三点,田地依然干旱,禾苗枯死。有人把这件事奏闻玉帝,玉帝大怒,降旨将泾河老龙斩首示众,并让魏徵监斩。泾河老龙情知不妙,恐惧之下,立即进宫乞求唐太宗李世民,李世民答应保它一命。次日,李世民设计,请执行监斩的魏徵丞相进宫下棋。行刑时刻已到,魏徵无计脱身,只是伏案酣睡。不一会儿，一颗血淋淋的龙头滚入皇宫——原来是魏徵在睡梦中斩掉了泾河老龙。

按说，泾河老龙并非一贯为非作歹、与人作对，并不是人们深恶痛绝的妖祟一类的孽龙，只不过是一时意气用事，玉帝如此定罪是否有点"过"了？——难免有人会产生这样的想法。但我们换一个角度想一想，就可以释然了：任何祸害百姓的行为都应该从严处理，这不正是人们所期盼的吗？魏徵梦中斩龙的故事正是反映了人们的这种心理。在这个故事里，那把斩杀泾河老龙的宝剑，虽然不是主角，但它实现了代表正义的"最后一击"，彻底释放了人们心中的怨气，因此，宝剑是弱势群体的希望之所在。

◎ 宝塔镇河妖

座山雕：天王盖地虎！

杨子荣：宝塔镇河妖！

这是两句黑话。所谓黑话，又称"切口"、隐语、行话，是一种民间语言。在民间语类中指通行于帮派结社、秘密团体和犯罪集团内部的一种秘密语,这两句黑话,是小说《林海雪原》中主人公——侦察英雄杨子荣乔装进入匪窟威虎山时与匪首座山雕见面时的对话,座山雕在盘问杨子荣的来历。意思是:"你好大的胆!敢来气你的祖宗!""要是那样,叫我从山上摔死,掉河里淹死。"这些看上去云里雾里、近乎无厘头的话语,此处不去深究,只想就杨子荣的那句"宝塔镇河妖"作一个解读。

《水浒传》第十四回《赤发鬼醉卧灵官殿,晁天王认义东溪村》中写道:"原来那东溪村保正姓晁,名盖,祖是本县本乡富户,平生仗义疏财,专爱结识天下好汉,但有人来投奔他的,不论好歹,便留在庄上住;若要去时,又将银两赍助他起身。最爱刺枪使棒,亦自身强力壮,不娶妻室,终日只是打熬筋骨。郓城县管下东门外有两个村坊,一个东溪村,一个西溪村,只隔着一条大溪。当初这西溪村常常有鬼,白日迷人下水,聚在溪里,无可奈何。忽一日,有个僧人经过,村中人备细说知此事。僧人指个去处,教用青石凿个宝塔放于所在,镇住溪边。其时西溪村的鬼都赶过东溪村来。那时晁盖得知了,大怒,从溪里走将过去,把青石宝塔独自夺了过来,东溪边放下。因此人皆称他做托塔天王。"

从上面这段文字可以知道,杨子荣的这句"宝塔镇河妖"是有其缘由的,但这种说法是什么时候开始有的呢？这要从三个李靖说起。

第一个是初唐时的名将李靖,第二个是《西游记》里的李靖,第三个是《封神演义》里的李靖。

初唐时的名将李靖,历史上确有其人。唐太宗时任兵部尚书,因战功显赫,死后被封为"卫国公",据说他死后经常显灵,为百姓救危解厄,故百姓为其建庙供奉。晚唐时期开始,李靖渐渐被神化了。

《西游记》里的李靖是掌管天界十万天兵天将的降魔大元帅,长子金吒侍奉如来佛祖,二子木吒是南海观世音菩萨的大徒弟,三子哪吒在自己的帐下效力。他那座玲珑剔透舍利子如意黄金宝塔为如来佛祖所赐,所以他被称为"托塔李天王"。

《封神演义》中,李靖是商朝陈塘关的总兵。燃灯古佛赠送给他的那座玲珑宝塔使他有了"托塔李天王"的美称。

其实,托塔天王是印度佛教四大天王之一的北方多闻天王(又名毗沙门天王),传入中国之后受到中国文化的影响而不断地本土化:身穿铠甲,头戴金翅鸟宝冠,左手托塔,右手持三叉戟。塔是佛教的象征,一般的寺院都有塔,是佛门安置经文、佛物和舍利子的地方。

至于宝塔的功能,唐人卢弘正在《兴唐寺毗沙门天王记》中说:"毗沙门天王者,佛之臂指也。右扼吴钩,左持宝塔,其旨将以摧群魔,护佛事,善善恶恶,保绥斯人。"这就是说,宝塔是镇魔护法的宝器。传说中的毗沙门天王屡建奇功,与初唐李靖的事迹近似,因而两者在民间叙事中逐渐结合。到了元代,二者已经合而为一,元杂剧《西游记》第九折写道:

> (李天王上,云)天兵百万总归降,金塔高擎镇北方。四海皆知名与姓,毗沙门下李天王。小圣乃李天王是也,奉玉帝敕令,西池王母失去仙衣一套,银丝长春帽一顶,仙桃百颗,不知被何妖怪盗去,着

令某追寻跟捕,点起天兵往下方。①

我国中原地区有"宝塔镇妖"的说法,同样,在少数民族中也有类似的故事传说。

纳西族有一个民间故事叫《白塔与丹桂的故事》,说的是在美丽的玉龙山下有一个木家庄,木家庄上有一对青年男女叫木三郎和丹青。小伙子木三郎心肠好,筋骨强健,力大无穷,村里人都喜欢他;丹青姑娘心灵手巧,勤劳美丽。两人心心相印,两家老人也约定来年为他们办婚事。这个消息被象脚山下黑龙潭里那条"丈须吊眼、暴虐乖戾、荒淫无道"的黑龙知道了,它软硬兼施要强娶丹青姑娘,都失败了;它几次三番想要加害打鱼的木三郎,都因木三郎本领高强而未能得逞。最后,黑龙趁着丹青送三郎去捕鱼的时机,强抢丹青,被三郎用鱼叉刺中背脊。黑龙妖性大发,吐出滚滚毒液,激起滔天巨浪,冲毁村庄,冲走牲畜,淹没了田野。三郎义愤填膺,怒火中烧,他从滚滚洪流中奋力跃出,腾空而起,在电闪

---

① 徐征等编:《全元曲》(七),河北教育出版社1998年版,第5272页。

雷鸣之中,变成一座指天倚云的白塔,从九天之上飞落下来,狠狠地砸在黑龙的头上……丹青姑娘和乡亲们得救了。为了表达自己对三郎忠贞不渝的爱情,丹青姑娘变成了一株丹桂树,紧紧地靠着白塔,亭亭玉立。[①]

民间信仰中宝塔为什么能镇妖？社会学家刘达临、胡宏霞在《历史的大隐私——中华性文化史二十讲》中对此作了阐述。他们认为,民间信仰中宝塔之所以能"镇妖",是源于性崇拜。因为性与生育的联系,与性有关的就都具有了一种神奇的力量。古人以柱状物、塔等物象征男根,故这些事物也就被赋予了祛邪的功能。

◎ 照妖镜

照妖镜是我们在历代神话传说、民间故事、笔记小说、神魔小说中常常见到的一种降妖伏魔的法宝。

照妖镜在民间故事中出现最早的时代是大禹治水时,说

[①] 《中华民族故事大系》第九集,上海文艺出版社1995年版。

大禹怀揣照妖镜,身带定海针,手挽降魔铁索,乘木筏在风浪中与各种妖魔邪祟作斗争。其实,照妖镜出现于汉魏六朝时期,最典型的就是东晋时期的一代名医、炼丹术士葛洪的《抱朴子》。《抱朴子·登涉》云:"万物之老者,其精悉能假托人形,以眩惑人目而常试人,唯不能于镜中易其真形耳。是以古之入山道士,皆以明镜径九寸以上,悬于背后,则老魅不敢近人。或有来试人者,则当顾视镜中,其是仙人及山中好神者,顾镜中故如人形。若是鸟兽邪魅,则其形貌皆见镜中矣。"

又有一种说法,道士不但在山中行走要"以明镜径九寸以上,悬于背后",即使在室内,也"常当悬明镜九寸于背后,以辟众恶"。

为什么说"照妖镜"只能出现在汉魏六朝时期呢?因为道教出现于东汉时期,不断成熟的道教充分利用了前代和当时的技术成果作为自己的法器。铜镜出现于秦朝,到了两晋时期,其制造工艺已经非常精致了,这就给道教提供了作为天人感应、交通鬼神的工具。

照妖镜的威力究竟有多大,请看下面几则故事。

隋末唐初王度撰写的《古镜记》是一部以照妖镜为题材的短篇小说。小说以第一人称写道：他从汾阴一位姓侯的"奇士"那里获得一枚宝镜，"镜横径八寸，鼻作麒麟蹲伏之象，绕鼻列四方，龟龙凤虎，依方陈布。四方外又设八卦，卦外置十二辰位……"此后王度持镜宦游各地，先后用这面镜子除妖降魔、消灾除疫。后来王度的弟弟王绩也带着这面宝镜出游，登高涉险，均一一逢凶化吉。

流传于广东潮州浮洋镇的一则民间故事说，很久以前，浮洋有一位名叫阿玉的姑娘，生得如花似玉。附近山中有一奇丑无比的妖怪逼阿玉与其成亲。阿玉不从，以死抗争。妖怪便威胁她，要毒死阿玉村子里的人。阿玉想一死了之，又怕给乡亲们带来灾难；要是从了妖怪，她实在心有不甘。后来她心生一计，对妖怪说要回家禀明父母，才能嫁给它。妖怪便答应了阿玉的要求，与她约定十五月圆之夜前去迎娶。阿玉回家后，让乡亲们赶紧离开村子外出避难。转眼，十五月圆之夜就要到了，阿玉来到池塘边，准备投水自尽。正当她纵身欲跳之时，来了一位仙女，说道："我是天上仙女，前来帮你除妖降魔。"仙女取出一面镜子给阿玉,告诉她这是一面照妖镜。阿玉按照仙女的嘱咐,把妖怪吸进照妖镜后连同照妖镜一并沉入水中,妖怪就此消失,镜子的神力还一直保佑着浮洋镇平安吉祥。

《西游记》里的托塔李天王在天界虽贵为兵马大元帅、最高军事指挥官,但他自身的本领却未见得有多大,他的出战和取胜都离不开黄金宝塔与照妖镜。如小说第六十一回《猪八戒助力败魔王 孙行者三调芭蕉扇》中,孙悟空大战牛魔王,牛魔王不敌孙悟空和一众阴兵阴将、天兵天将,便打算变化脱身,却被旁边的李天王用照妖镜照住本相,无法腾挪,无计逃生,只好俯首就擒。由此可见,托塔李天王所倚重的照妖镜对于妖魔邪祟的威力之大。

《红楼梦》里的"风月宝鉴"其实也是一面照妖镜,是用来驱除"风月"之妖——色魔。曹雪芹在小说中设计了"风月宝鉴"这面"专治邪思妄动之症"的照妖镜,意在警示贾瑞之流的"风情"男女引以为戒,勿为色魔所惑。可惜的是,贾瑞没有定力,未能拒绝色魔的诱惑,最后送了性命。

作为天人感应、交通鬼神、降妖伏魔的工具,道教中的照妖镜除了上述功能外,还可用来辟邪、辨冤、登仙成道等,用途很多。

照妖镜的功能,是镜子的功能由实而虚,也就是由器而道的异化,这可以从魏晋、唐宋至明清小说中看到其演变轨迹。演变的原因,主要是由道教在发展过程中赋予的。道教认为,镜子"天地含象,日月贞明,写规万物,洞察百灵",因而具有照妖镇邪的功能。随着道教教义的广泛传播及道教科仪在实际中的运用,照妖镜渐渐成为民间信仰中的灵物。

另外,人们之所以会想象出这么一件宝贝,还可以从妖孽这个角度说一说。妖本身长得奇丑无比,面对照妖镜,突然看到镜子里自己的"尊容"如此之丑,而不是它平时看到的"人"的模样,以致自我崩溃、魂飞魄散,最终束手就擒。总之,"照妖镜"这么一件宝物的出现,实际上是人们对于丑陋凶恶的妖祟,也就是各种超自然力量真面目的强烈的期待心理的反映——它们究竟是何方神圣?并且要借助这件宝物战胜种种邪恶。

◎ 符咒

传说黄帝是咒语最早的创始人。

据《山海经·大荒北经》记载,黄帝让田祖叔均驱赶天女魃,以求雨解旱。其令曰:"神北行! 先除水道,决通沟渎。"此即最早的一种咒语。

符咒,即符图和咒语。"符:是凭证、征兆,是印证符合之意;这是道教人与神沟通的印鉴凭据和秘密。咒:谓之真言,是神的言辞;犹如没有偏颇的双刃宝剑,是视人之行为善恶而予人以福祸的言辞。"[1]"符的基本结构,是通过变形、夸张,拼合古代文字,例如各种鬼神图像、流云形状、星座图形等而形成。""咒的结构,一般是呼唤鬼之名,或点出某种特殊现象等;紧接述说念咒者的祈求或命令……句式长短不一;最后一般以'急急如律令'或'如某尊神律令'作结尾。"[2]

宋人洪迈的《夷坚志》里记有这么一个故事:一次军事

---

[1] 张振国、吴忠正:《道教符咒选讲》,宗教文化出版社 2006 年版,第 1 页。
[2] 卿希泰、詹石窗:《道教文化新编》,上海文艺出版社 1999 年版,第 528、529 页。

行动之后,某地"城邑荒残"。一个叫袁昶的人,领兵驻守此地。有个部下每天晚上做噩梦,嚎叫不已,整夜不停,直到天亮,弄得同宿舍的人都难以入睡。别人问他怎么回事,他说,他被人揪住头发,还用鞭子打,因此呼叫。见此,袁昶就提笔写了几个字,贴在房间里的柱子上,嘿,这一夜竟然太平无事。从此,"妖祟绝迹",众人安卧。袁昶写了几个什么字,竟有如此法力?原来他写的是这样的八个字:唵摩尼达哩吽拨吒。[①]这是一则咒语,是广大宝楼阁善住秘密陀罗尼根本咒的随心咒。

咒语并非汉族地区所独有,许多少数民族的原始宗教中也有咒语这一民间信仰。当然,有些可能是从汉族地区,尤其是道教中借鉴而来的。

今广西境内的毛南族有一则民间故事叫《谭含辉与三龙女》,其中有这么一段:谭含辉和三龙女有情人终成眷属,而且三龙女运用自己的法力使两人的生活过得优裕而美好。

---

① 《夷坚志》第一册,中华书局1981年版,第2页。

贪财好色的财主谭老六想要霸占他们的庄园和三龙女,忌惮于三龙女的法力,他请来了独眼鬼师。"独眼鬼师剪了九条纸龙摆在供桌上,点起蜡烛烧起香,口中念念有词,最后大喝一声:'太上老君急急如律令,敕!'又含了一口法水喷出去。刹那间一阵狂风,那九条纸龙变成九条火龙腾空飞起,向龙女的庄园冲去。"[①]

符咒可以覆盖所有妖魔鬼怪、魍魉魑魅。人们以符咒存想等构成想象中的"连天铁障",用以隔断乃至灭绝瘟疫、邪祟、魔怪、精魅,保障人们的正常生活。符图咒语常在收捉各种妖精邪魅时施行,以阻断其逃遁之途,予以擒获、歼灭。

符咒源于道教,但渐渐泛化至民间信仰,其中原因何在?笔者认为不外乎以下三条。

首先,道教是中国的本土宗教,深谙民众的心理,因此民众的认同度高,容易接受。第二,符咒作为一种宗教法术,它侧重于"济世度人",注重民生。作为道教的一个派

---

① 《中华民族故事大系》第十二集,上海文艺出版社1995年版。

别,符箓派十分重视社会性的救济活动,躬行"行符治病,济物救人"(《道法会元》卷一),对人们遭受的灾难,都能施以援手。符咒中诸如"护身符"、"辟冤符"、"祈雨符"、"催产符"等等都事关民生,民众的接受度自然就高。第三,很多道士都有一技甚至多技之长,如医药、天文、地理、星象……在念咒行符时,用自己的所长解除民众的困厄,迎合了民众的现实目的追求,自然会提高对符咒的信任度。如此,随着时间的迁移,符咒泛化至民间信仰就是顺理成章、水到渠成了。

彝族的经书中也有用于禳灾、驱鬼、治病的咒语,这些记载于经书的毕摩咒语一般不晚于东周末年。

从以上可知,早在原始时代神明观念尚未明确形成时,就已经有了咒和相关的法术。汉文献、彝文献都是后来文明时代的记载,而道教咒语是由当时的巫师、方士咒语收集、整理、加工而成的。

符咒不是中国道教所独有的文化现象,世界上多种文化,特别是历史悠久的文化中都普遍存在。古埃及王国安克桑普提女王石棺所在石室的四壁上就刻有多条咒语;印度的古文献《吠陀》中的《阿达婆吠陀》所收集的就是作驱邪之用的咒语;因纽特人、毛利人和印第安人的巫术中也有咒语;德国还有一种咒语诗,是早期日耳曼语的文学形式。

下面是从张振国、吴忠正编著的《道教符咒选讲》中选录的几则咒语及其解读,从中或可一窥与妖魔斗法的激烈场面。

制魔咒

> 吾是帝君之臣,名书上清。下统六天,普及幽冥。北帝鬼部同,悉是我营。我之所御,何鬼敢生。左佩割落,右带火铃。掷火万里,威制万灵。有犯者戮,有干者刑。帝君有命,收捕无停。天罡骇动,群魔束形。鬼妖灭种,我得长生。急急如律令。

这是一首雄赳赳、气昂昂、威武凛凛向前闯的咒语。以名书上清为立脚点自诩管辖范围,自我装备,充满着霸气。割落,这是一种方便临阵使用的利器,刀背中部突出的像钩像镰的武器,还有一掷万里的火铃,"帝君有命"的尚方宝剑。凡犯者、干连者,一个也无法脱逃。因为只有鬼妖灭种,自己才能长生。这则制魔咒,只要需要,随时可念咒,以利卫身。

天蓬神咒

天蓬天蓬,九玄煞童。五丁都司,高刁北翁。七政八灵,太上皓凶。长颅巨兽,手把帝钟。素枭三神,严驾夔龙,威剑神王,斩邪灭踪。紫气乘天,丹霞赫冲,吞魔食鬼,横身饮风,苍舌绿齿,四目老翁。天丁力士,威南御凶,天驺激戾,威北御锋。三十万兵,卫我九重,辟尸千里,祛却不祥,敢有小鬼,欲来见状。钁天大斧,斩鬼五形。炎帝烈血,北斗燃骨。四明破骸,天獣灭类,神刀一下,万鬼自溃。急急如律令。

……

本咒语突出了天蓬的威力,只要天蓬下令,各路将官都会率领兵马,各自备有"帝钟"、"威剑"、"神刀"等兵器前来除邪。各组形象也十分生动,用像天一样的大锄与大斧去杀伐邪魔,最大的计划就是要斩邪灭踪,让万鬼自溃。

……

捉祟咒

　　雷声动,霹雳震,雷火发,鬼神死,邪精亡,妖怪没。六甲六丁,天丁使者,雷火将军,风伯雨师,雷公电母,上不通风,下不度水。一切凶恶,风刀斩斫。急急如律令。

本咒语属于默咒,念者存想各路神将在自己体内周身巡查,杀伐邪祟,上不通风,下不度水,组成一道道严密的防线,将网罗到的妖孽快速宰尽,不留后患。

收魔咒

　　六甲大将军,六丁上阳神。太清高上道,敕赐魁罡君。收擒山泽鬼,下捉土皇神。若有不正者,乾元亨利贞。急急如律令。

收魔就是收捉魔鬼之意。道教认为六甲大将军是阳神,具体为甲子护身,甲戌保形,甲申我命,甲午守魂,甲辰镇灵。六丁上阳神实为阴神,具体分工为丁丑延寿,丁亥拘魂,丁酉制魄,丁未却灾,丁巳度危。它们都为天帝驱使,能行风雨,制鬼神,可用符箓召请"祈祷驱"。太清指太上老君,魁罡亦作"魁冈",是"天罡"、"河魁"的合称,为北斗魁星之气所化。阴阳家认为魁罡是月内凶神,其所在之月或所处之地不宜动土、修作。土皇神即"后土皇地祇",主管一方土地。乾指乾卦。元亨利贞是反映乾卦之刚阳之性的意思。《易·乾卦》认为,元者,善之长也;亨者,嘉之会也;利者,义之和也;贞者,事之干也。古人认为君子体仁,足以长人;嘉会能合礼,利物能合义,贞固能干事。实际意思是只有具足四德,才能皈依太上无极大道。

本咒即召请六甲大将军、六丁上阳神下凡捉山泽不正之神。①

---

① 以上四则咒语及解读见张振国、吴忠正《道教符咒选讲》,宗教文化出版社 2006 年版,第 27、第 51、第 113、第 145 页。

咒语实际上是一种语言崇拜,是民间对语言灵力的一种信仰,是民间信仰中常常被用到的一种降妖驱魔的方法,在民间一直盛行。晚清时期义和团举事时设坛请神、冲锋陷阵前都要请神念咒,以图借助神力保护自己和降服妖人(洋人)。有一则"义和团请神咒"是这样的:

> 天灵灵,地灵灵,奉请祖师来显灵。一请唐僧猪八戒,二请沙僧孙悟空,三请二郎来显圣,四请马超黄汉升,五请济颠我佛祖,六请江湖柳树精,七请飞标黄三太,八请前朝冷于冰,九请华佗来治病,十请托塔天王,金吒木吒哪吒三太子,率领天上十万神兵。①

咒语中提到的人物有的是前朝历代史书上实有其人,有的是民间流传的,他们有一个共同点,即都有一手降妖驱魔的招数。

---

① 罗惇曧:《庚子国变记·拳变余闻》,上海书店1982年版,第6页。

抗日战争时期,河北景县有一支民间抗日武装"红枪会",他们在平时训练时要进行一种"求体"仪式。所谓"求体"即"求神入体",仪式举行时,"红枪会"会员每人胸前戴一个红兜兜,上面挂上张黄裱纸,纸上写着字符,他们跪在地上,念诵咒语:

> 天护身,地护身,
> 今请南方火帝君。
> 头顶火焰山,脚踩火龙门。
> 左边火龙刀,右边火龙绳。
> 护前心,护后心,通身上下护得清。
> 若要有人破我的法,
> 除非数清我头发。

念着念着,"红枪会"会员们便有了"神入体"的感觉,纷纷做出迷狂状态的跳跃等动作。[①]这很像是服食兴奋剂后精神异常亢奋的模样,有一种"走火入魔"的征象。

---

① 黄涛:《语言民俗与中国文化》,人民出版社 2010 年版,第 178—179 页。

还有一则咒语直到现在还在一些地区,特别是农村地区流行,以前经常能在街头巷尾见到。每当家里的小孩子夜哭不止,家长就会在一张纸上写上如下的字样,贴在行人较多的路口,有时候要在好几个地方分别贴上一张。纸上写的是:天皇皇,地皇皇,我家有个夜啼郎,过路君子念一念,一觉睡到大天光。

这则驱邪咒语的功用据说是借重众人的正气、阳气,通过念诵传导,将附着在孩子身上作怪折腾、弄得孩子不能好好睡觉的邪祟驱离。咒语在这里与其说除妖,不如说是一种祝祷,用语言来表达一些期许罢了。

◎ 制御之术拾遗

俗话说"兵来将挡,水来土掩",有矛必有盾,人类总有降妖伏魔的致命一招。除前文提及的一些法术神器,还有诸多招数,虽非大类但亦不鲜见,在这儿一并罗列。

比如,捆妖绳就是一种专门对付妖祟的特制武器。汉族民间故事《五岳的来历》是这样说的:上古时候,东方出了水兽,一片洪水滔天;北方出了冷怪,冰天雪地,寒气刺骨;西方出了风妖,狂风不止,天昏地暗;南方出了火魔,烈日炎炎,赤地千里。天下大乱,民不聊生……四面八方的妖魔邪祟纷纷出动。玉皇大帝调兵遣将,分别向东南西北四个方面派出天兵天将镇妖伏魔。其中派到西方降服风妖的天将来到风妖出没的地方,将自己的随身宝物捆妖绳抡了三抡,突然间平地出现了一座大山。正在此时,风妖来到山边,只见它直向山头撞去,结果是头破腰折,败下阵去。正在南天门观战的玉帝立即封此山为"西岳华山"。①

再拿妖故事里不常见的"美人计"来说吧,人也有妙招对付。纳西族民间故事《丁巴罗什》中的固松麻就是一个行"美人计"的女魔王。故事说,丁巴罗什来到世上,那对眼睛是降魔的眼睛,那张嘴是吃妖魔的嘴,那双手是杀妖魔的手,那双脚是踏魔鬼的脚……魔鬼们感到无法生存了。一个名叫固松麻的女魔来看丁巴罗什。女魔头带一口八耳铜锅,手里

---

① 《中国神话与民间传说》,香港读者文摘远东有限公司1987年版。

拿着九丛棘刺和九根麻绳,装作好人。来到丁巴罗什的家里,从丁巴罗什母亲手里抢过丁巴罗什……它把丁巴罗什放在大锅里煮,煮了三天三夜,以为煮烂了,就打开锅盖,哪知丁巴罗什满不在乎地坐在锅里,而且趁着水汽蒸腾的当口,乘着水汽升到十八层天上去了。女魔王固松麻在人间到处作祟,人类不得安宁,牲畜不能繁殖……应人的邀请,丁巴罗什带着天神送给他的法宝,有九十九部经典和神叉、神冠,以及神弓、神箭、宝刀等等法器来到凡间治妖。丁巴罗什所到之处魔鬼有的战死,有的吓死,女魔王固松麻胆战心惊,可是仍装作毫不害怕的样子,打扮成花容月貌的美女,来对丁巴罗什献媚,并问丁巴罗什为什么要从天上来到血海地狱般的人间。丁巴罗什说:"你是世间最美的美女,我特意下凡来娶你。"固松麻顺杆子往上爬,夸丁巴罗什是天宫最英俊的人,自己对他一见钟情,但要娶自己,就要对天发誓。丁巴罗什答应了……最后,丁巴罗什趁固松麻生病的时候,一刻不停地念经,拿出从天宫带来的神叉、神弓、神箭等宝物,再用女魔王自己使用的魔器——九根麻绳绑住它的手脚,用它那九丛棘刺作燃料,把它放在那口八耳铜锅里煮,一直煮得女魔肉烂骨化。①

总之,见招拆招,因"魔"制宜,直击软肋,是对付妖祟魔邪的高招。驱治妖魔,道家最为拿手,下面稍作简介。

道家认为,妖魔有天魔、地魔、人魔、阴魔、阳魔、妖魔、境魔等等,制御之法大抵以诵经、符咒等来卫护人的心神安宁。以下所列制御之法杂见于各类道家典籍,此处不拟一一列出,仅列举一些制御之法,以飨读者。

治山魈

山魈,又作山臊、山缫,古代传说中的妖魅。民间信仰中,人们认为山魈会带来祸祟,它们往往无端地将屋瓦震响来吓唬人,还传播疫病,使妇女精神迷乱等等。道家有专门的科仪进行驱治,其法以天兵天将、六丁六甲为主力,加上斩妖剑、图符和咒语即能治住山魈。

---

① 据陶阳、钟秀:《中国神话》,上海文艺出版社1990年版。

制天魔

制御天魔，使其退避不能为害。制御的方法是将《三皇内文》及五帝大魔玉符置于座前，左手掐中指，右手执五帝大魔之印照之，其魔自退。其中，符、印是道家灵宝派特有法器。

御地魔

制御地魔，使其退避不能危害人。制御之法，念诵"神霄玉清真王五方卫灵咒"，然后以火焚之，其魔自退。

除人魔

制御人魔，使之不能为害，是摄制镇宁心神的方法之一。"夫人魔者，行持之士皆有之。或居山，或入室，书符步咒掐诀行持，方欲行用，一念有殊，或被言语喧哗，秽臭腥膻、鸡犬、孕妇、师僧尼俗冲突坛场，以至惑乱法身，思存不正，符水不应，咒诀不灵，皆人魔之所试也。"制御之法，"当以混合百神印安于坛中，书'束缚魔灵'四字，以印印之，焚於香火上,掐左右子亥二诀。持念魔王三品之章,其魔自退"。

去病魔

制御病魔,使之不能危害人。灵宝派所传,是一种使人心神宁静、消除疾患的方法。"夫病魔者,行持之士……饮食差时,寒暑失调,多生疾患,缠绵不退。"制御之法,"当以消魔五符置于室中,用五帝大魔印,诵《净明灵书》二遍……以合和,其魔自退"。

伏妖魔

制御妖魔,使其不危害人,是摄制镇宁心神的方法之一。"夫妖魔者,山林多有之……"制御之法,"宜须持志金石,灭念停虚,诵《魔王三章》,轮掐十方飞天神王诀,以天宝君印照之,次焚五帝大魔符于室前,次焚香升座,宣灵宝三洞法语,其魔自退,永不至矣。更以斛食施之"。

降境魔

制御境魔,使之不危害人,是摄制镇宁心神的方法。"夫境魔者,行持之际,或于道路别室之中,见一物而一念起贪嗔之心,目视非色,耳听恶声,或入室中见诸气象形影之端,皆境魔之所试也。"制御之法,"当凝心涤虑,守炁(气)存神,使其舍太虚之真……无所染著。存空中有一宝珠,光明照,十方来朝。仍吞服诸天隐讳,诵《净明宝经》一过,佩上清九老伏魔之印,其魔自退"。

非常规之道

◎ 狗血鸡头来破妖

狗血作为辟恶破妖的法宝,《史记》中已有记载。秦始皇杀狗,把狗血涂在四面城门上以抵御凶灾便是一例。此后,杀狗涂血于门户上,一直是民间辟除不祥或抵御邪祟的基本方式之一。俗信又以狗血鸡头为化解妖气之最简便办法,特别是雄鸡头、黑狗血,更具功效。倘遇上"妖人"使用法术,如剪纸为马、撒豆成兵时,也可泼狗血以破其妖术。民俗中鸡血与狗血共用以厌妖邪的现象也很普遍。

蒲松龄《聊斋志异·妖术》里,主人公于公击败了卜者派遣的大鬼小鬼,他去寻卜者算账时,就是用一盆狗血使得会隐身术的卜者现形,并受到惩罚。

《水浒传》第五十三回有一个情节也是写狗血破妖法的。李逵与戴宗奉宋江之命去请公孙胜,一向急性子的李逵竟然动了杀机,刀劈公孙胜的师傅罗真人。罗真人为了煞煞他的急性子,就把他惩罚性地弄进蓟州大牢:"当日正值府尹马士弘坐衙,厅前立着许多公吏人等。看见半天里落下一个黑大汉来,众皆吃惊……马知府见了,叫道:'且拿这厮过来!'当下十数个牢子狱卒,把李逵驱至当面。马府尹喝道:'你这厮是那里妖人?如何从半天里吊将下来?'李逵吃跌得头破额裂,半晌说不出话来。马知府道:'必然是个妖人,教去取些法物来。'牢子节级将李逵捆翻,驱下厅前草地里,一个虞候掇一盆狗血没头一淋;又一个提一桶尿粪来望李逵头上直浇到脚底下。李逵口里,耳朵里,都是尿屎。"

李逵这一次可算是倒了大霉,吃了大亏了。这是他为自己的性急和擅动杀机付出的代价。李逵当然不是妖人,但马知府对付真正的妖人时想必是一向用惯此法的,而且也是当时通行的做法。

　　海南岛黎族有在屋子四周洒狗血来将妖与人隔离开来的习俗,这叫"做毫巴"。有个黎族民间故事可佐证,故事叫《负心的巴帝》。"巴帝",黎语的意思是疯子或者乞丐。主人公巴帝原名叫亚昌,"巴帝"是他的一帮狐朋狗友给他起的诨名。话说亚昌是一个从小就失去父母的苦孩子,天上的仙女亚丝为了解除亚昌的痛苦,下凡来到人间给他做妻子。两人齐心协力,不辞辛劳,砍山开荒。这一年,风调雨顺,他们打下了满满七仓谷子,亚丝又生下了一个男孩,小日子十分滋润。可是,自从打下七仓谷子以后,亚昌便结交了一帮游手好闲的人,整天饮酒作乐,不愿干活。和他整日鬼混的那帮人还挑拨地对他说:"巴帝啊,她是人吗?……她一定是个诡计多端的妖女,如果你现在不把她撵走,以后会招来天大的灾难!"亚昌听了之后,决定撵走亚丝。一天早上,他趁亚丝去河边挑水的空当,便赶忙杀狗,把狗血洒在屋子四周,关上门,把狗头放在门槛上。亚丝挑水回来一看如此情景,知道亚昌真把自己当女妖了……亚丝带着孩子回到天上去了。①

故事里的仙女亚丝虽然不是女妖,但她一看到亚昌布下的"狗血阵",就"知道亚昌真把自己当女妖了",从这里就可看出,"狗血驱妖"是当时黎族普遍的习俗。

罗贯中《三遂平妖传》第三十一回《胡永儿卖泥蜡烛 王都排会圣姑姑》就写了妖术施行者被克后的尴尬和窘态。

故事的前段说的是,一个和尚恩将仇报,施行妖术,使果子铺小老板李二于死于非命,而且那和尚还当众表演他的"妖技":

却说那和尚在幡竿顶上凳子高处坐着,看的人,人山人海,越来越多了。许多人喧嚷起来,手下人禁约不住。包龙图……待要使刀斧砍断这幡竿,诸处寺院里幡竿都是木头做的,惟有这相国寺幡竿是铜铸的,不知当初怎地铸得这十丈长

---

① 《中华民族故事大系》第七集,上海文艺出版社 1995 年版。

的……只见那和尚在幡竿顶上将言语调戏着包大尹，包大尹甚是焦躁，没奈何他处。猛然思量一计，叫去营中唤一百名弓弩手来，听差的即时叫到，包大尹叫围了幡竿射上去，那弓弩手内中有射好的，射到和尚身边，和尚将褊衫袖子遮了。包大尹正没做理会处，只见温殿直手下做公的冉贵跑上禀道："小人有一愚计献上，可捉妖僧。"包大尹道："你有何道理？"冉贵道："他是妖僧，可将猪羊二血及马尿、大蒜，蘸在箭头上射去，那妖僧的邪法便使不得了。"包大尹听说大喜，命取猪羊二血及马尿、大蒜，手下人分头取来，包大尹教将来搅和了，教一百弓弩手蘸在箭头上。一声梆子响，众弩齐发。不射时，万事俱休。一百箭齐射上去，只见寺内寺外有一二千人发声喊，见这和尚从虚空里连凳子跌将下来。众人都道："这和尚不死也残疾了。"那佛殿西边却有一个尿池，这和尚不偏不侧不歪不斜跌在水尿池里。众做公的即时拖扯起来，就池子边将一桶猪羊血望和尚光头上便浇，把条索子绑缚了。包大尹便坐轿回府，升厅，交教押那和尚过来当面。包大尹道："叵耐你这妖僧，敢来帝辇之下使妖术，扰害军民。今日被吾捉获，有何理说?"叫取第一等枷过来,将和尚枷了,叫押下右军巡院,勘问乡贯姓氏。恐有余党,须要审究明白。一并拿治。①

相传在广西一些地方还有斩杀鸡头的驱邪习俗。其具体做法是,若发觉家宅不干净(由于妖邪入侵而使得屋宇有不祥之气),就杀鸡斩头,将鸡头一下子扔过屋顶,俗信认为这样妖魔鬼怪就会逃走。

◎ 驱妖压邪

英国著名人类学家、民俗学家J. G. 弗雷泽在他的被誉为现代人类学奠基之作的《金枝》第五十六章《公众驱邪》中说,未开化的人用"把灾祸转给别人,转给动物和物体的原始的原则",来解脱整个社会所受的各种灾害。在他们的想象里,"这个世界还是充满了那些被清醒的哲学早已抛弃的奇装异服的神物,无论他是醒着还是在睡梦中,仙人和精怪、鬼魂和妖魔总在他的周围翔舞。它们盯着他的足迹,扰乱他的

---

① 罗贯中编次,冯梦龙补改,刘紫梅点校:《三遂平妖传》,中华书局2004年版。

感官,进入他的身体,用上千种异想天开的为非作歹的方法,困扰他、欺骗他、折磨他……因此,原始人努力清除他们的一切烦恼,其形式则是大规模地驱除或赶走妖魔鬼怪。他们认为只要他们能摆脱这些可恶的折磨鬼,他们就能重新生活幸福而清白,伊甸园的故事和远古诗情画意的黄金时代又会变成真正的现实"。①

从弗雷泽的这段文字里,我们认识到驱邪曾是全世界通行的做法,只不过各个地方、各个民族的具体操作方法不同而已。

他接下去举了一个例子:"据说,新喀里多尼亚(西南太平洋上,澳大利亚西面的法国岛屿)的土人相信一切邪恶都是一个力量强大的恶魔造成的;所以,为了不受它的干扰,他们时常挖一个大坑,全族人聚在坑的周围。他们在坑边咒骂了恶魔之后,就把坑用土填起来,一面踩坑顶,一面大喊,他

---

① [英]J.G.弗雷泽著,徐育新、汪培基、张泽石译:《金枝》,新世界出版社2006年版,第517—518页。

们把这叫做埋妖精。"①

这一行为被归为"随时驱邪",就是当妖邪出现的时候,立即做出反应,将它们驱离,立马写上几张"天皇皇,地皇皇……"字样的纸,贴在人流密集的街巷路边,以此驱除妖祟。

弗雷泽还在《定期驱邪》中写道:"随时驱邪逐渐变为定期驱邪……在过去,'定期驱邪'的典型例子就是一旦孩子夜啼不眠,家长们逐渐觉得需要定期地普遍地消除邪恶,一般是一年一次,为的是使人们能够重新开始生活,摆脱他们周围长期积累起来的邪恶影响。"②

定期驱妖在中国有两个大家极为熟悉的例子。

五月初五端午节,正值夏至前后,天气高温多湿,各种病菌、毒虫逞威,各种传染病极易流行。古人认为这都是由于

---

① [英]J.G.弗雷泽著,徐育新、汪培基、张泽石译:《金枝》,新世界出版社2006年版,第518页。
② [英]J.G.弗雷泽著,徐育新、汪培基、张泽石译:《金枝》,新世界出版社2006年版,第521页。

瘟神作怪,于是在每年的这一天举行"送瘟神"的驱邪仪式——把瘟神像装上草船(或纸船)抛入河水之后,还要放一把大火,将它彻底烧掉。俗信认为,这样病魔一类的妖祟就会远离。

我们都知道彝族的"火把节",在彝族地区,最隆重、最热闹的节日莫过于火把节了。人们把火视为光明、幸福和吉祥的象征,视为能驱邪镇恶的神奇力量。火把节一年一度举行,也是一种定期驱邪。

接下来说说压邪、辟邪。所谓压邪、辟邪,就是借用某种媒介压缩妖邪的活动空间,限制它的活动范围,以至驱离,或者不让它靠近人,使其不能干扰、破坏人的正常生活。压邪、辟邪反映了人类在抵御、抗击各类灾难时的智慧。当灾难来袭,生产用品、生活用品、有生命的物品、无生命的物品都可作为武器——取得胜利,取得生存权是硬道理。

汉族民间故事《泰山石敢当》流传极广且有多种版本,其中有一个版本的情节是这样的:

传说不知在什么年代,山东泰山南部有户人家的姑娘忽然得了邪病,说是被妖魔缠身了。姑娘的父母到处请医拿药,都没有治好;又请来法术高超的和尚、道士来驱妖,不知念了多少咒语,画了多少道驱妖符,还是没有赶走妖魔。姑娘的病越来越重,她的父母在家里整天发愁。就在这时,有人告诉他们,泰山脚下有个青年名叫石敢当,生性勇敢,长得膀大腰粗,身有千斤之力。他经常为民除害,在山里打死过猛虎,在森林里擒过豹子。他为人正派,不信邪、不怕邪的行为远近闻名。姑娘的父亲听闻后,立即动身去请石敢当来给姑娘治病。见到石敢当,他如此这般地一说。石敢当二话不说,立马跟着姑娘的父亲来到姑娘家。只见他抡起砍柴大板斧,向上下左右四面八方劈去,斧起斧落呼呼生风,墙壁都颤动不止。妖魔见他一身正气,勇猛无比,吓得浑身打战,立刻逃之夭夭,不见踪影。妖魔离去,姑娘得救,不久就恢复了健康。

　　从此以后,石敢当能够驱妖逐邪的消息就在泰山周围的村庄里传开了。谁家有人闹病,就请石敢当来驱妖。开始时,谁来请他都去,未等他到,患者的病就好了。这样石敢当的名字越来越响,请他去驱妖的人也越来越多,一天里经常有七八个人同时来,弄得他分身乏术,后来想了个办法,他让有病人的人家在自家墙壁的石头上,刻上"泰山石敢当"五个大字,病人果然痊愈了。原来,妖魔看见他的名字就吓跑了。

因此,后来泰山周围的村庄,有的人家不管家里有没有病人,都刻块"泰山石敢当"的石头嵌在墙上或竖在门前——石头长约一尺五,宽约一尺,上面刻有"泰山石敢当"五个大字——希望石敢当永葆家庭幸福平安。

石敢当的故事有其合理内核。首先,那位姑娘的病可能是由于某种病菌,或是某种有毒气体的侵袭;其二,石敢当上下左右挥动斧头,象征着切断病菌的传播路线和阻断毒气的传布路线。流传于民间的妖故事,大都有其合理内核,至于"合理"的判定、程度,这就需要读故事的、听故事的自己体会了。

我们古人有一句对抗妖魔的名言:自古邪不压正。所谓正,就是正气,即民族英雄文天祥《正气歌》中所讴歌的:"天地有正气,杂然赋流形。下则为河岳,上则为日星。于人曰浩然,沛乎塞苍冥……是气所磅礴,凛烈万古存。"正气乃阳刚之气,妖魔之类乃阴气所聚,阴遇上阳则散,则败。因此,驱邪、压邪的第一法宝、首选利器是一身正气,有了一身正气,什么妖魔邪祟皆不足惧,就可以做到"为人不做亏心事,半夜不怕鬼叫门"。这条"定则"自古以来都得到正统文化和民间文化高度一致的认同。因此,以正压邪是压邪的最高境界。

不过,马克思曾经说过:"批判的武器当然不能代替武器的批判,物质力量只能用物质力量来摧毁。"[1]对于凶残冥顽的妖祟,物质力量是不可或缺的。

在民间信仰中,在神秘文化体系内,所有能够压邪的物品都具有超自然的法力。这些"法宝",有生命的,无生命的,形形色色,前文已有较多介绍。我们这里不妨再从另一角度,系统地将它们简单地分为植物类、动物类和其他,以作进一步的补充。

---

[1] 《马克思恩格斯选集》第1卷,人民出版社1997年版,第9页。

植物类

桃木

桃木亦名"降龙木"、"仙木",是专治妖魔鬼怪的广谱性压邪法宝。如前章所述,桃木之所以具有这等神力,根植于古人认定的桃树的来历及其神秘的生长环境。桃木,包括它的果实和衍生品,可以制成各种压邪厌胜制品。比如:

桃人,亦名"桃偶"。用桃树的枝梗刻成人形,大小随意。有些地区在建造房屋时,在门墙上或梁柱里开个小洞,将小桃人放进去,然后再封住。俗信认为可辟邪避凶,保护宅院安定。

桃弓,又名"桃弧"。用桃木制成弓的形状,和棘制成的箭形物配套使用。《左传·昭公四年》就有"桃弧棘矢,以除其灾"的说法。现在有些地方还将桃弓棘箭挂在门口以压邪避灾的风俗。

桃汤是与桃有关的一种饮料。流行于古代长江中游地区。桃汤以桃树的叶、枝和茎制成汤汁饮用。俗信认为饮之可以驱鬼辟邪。

还有一种"三桃汤",这个可不是饮品,它是古代汉族人用来辟邪除秽的。"三桃汤"用三种桃子——荆桃、冬桃和樱桃一起熬制而成。人们认为,把这种汤汁洒在房间的四壁上,就可以祛除不祥。[①]另外,《荆楚岁时记》里有正月初一饮桃汤以避邪气的记载,至于究竟是用果实桃子还是桃木熬汤,已无法考证。除此以外,民间还有用桃汤洗澡以祓除妖祟鬼魅的做法。

乌木

民间信仰中的一种辟邪木。乌木并非单指一种植物。它是由一些埋入淤泥中的树木经数千年碳化形成,质地坚硬,像石头一样沉重,色黑,故而人们称之为"阴沉木",素有"东方神木"之称。历代都把乌木用作辟邪之物,据说有极强的消灾避难护身功用。古人认为,乌木因其秉天地之灵气,

---

① 叶大兵、乌丙安主编:《中国风俗辞典》,上海辞书出版社1990年版。

集日月之精华,有"万木之灵,灵木之尊"之称谓。乌木有避邪避灾的说法有一定的合理因素,因为乌木本身具有解毒、促进血液循环的药用功效。

黄杨木

在民间,黄杨木一直被奉为百毒不侵、镇恶辟邪的上品。《本草纲目》记载,"世重黄杨,以其无火","清热、利湿、解毒"。现代医学也发现,黄杨木内含黄杨素,可辅助治疗心脑血管疾病,能抑制真菌,清热解毒,祛风除湿。

葫芦

据远古神话传说,人类与葫芦有着很深的渊源。我国许多民族都有葫芦里繁衍出人类和葫芦,使得人类祖先渡过洪水劫难的传说,他们都把葫芦尊奉为自己民族的保护神。据有关学者考证,"盘古开天辟地"的神话也与葫芦有关。著名学者闻一多先生在《伏羲考》中,研究并列出了与葫芦相关的神话四十九种,得出这样的结论:"于是我注意到伏羲、女娲二名字的意义。我试探的结果,伏羲、女娲果然就是葫芦。"[①]据近年统计,自20世纪50年代以来,民间文化学者又发现了葫芦神话一百十九则。这样,上古神话中作为人类始祖的伏羲、女娲,皆被看作是葫芦的化身,亦即创造人类及世界万物的始祖乃是由葫芦转化而成。

由于葫芦神话的影响,人们认为葫芦是孕育人类的母体,人们想象它里面肯定有一种神秘的灵气,因此成了人们护身辟邪的吉祥物。汉族部分地区有一种习俗,每逢端午之前,妇女要把一张五彩纸剪成葫芦形,葫芦的四周再用同样的纸剪成藤蔓、叶片以作装饰。在五月初一的清晨贴于房子的门楣上,到端午节(五月初五)那天晚上取下来扔出室外。俗信认为,自此,家中所有的邪祟秽气都被葫芦中的灵气收敛而去,从此可以阖家平安了。

小豆

我国的豆类品种很多,一般来讲,黑豆、黄豆、青豆等都

---

① 闻一多:《伏羲考》,上海古籍出版社2006年版,第49页。

属大豆,而赤豆(红小豆)、绿豆、白豆、豌豆等就属小豆。在民间信仰中,小豆是有神力的,是灵验的。小豆的神力首先在于逢凶化吉、收妖辟邪。如宋人陈元靓在《岁时广记》里说,"立秋日,以秋水吞赤小豆十粒,止赤白痢疾",这就是小豆的药理作用,也是小豆能"逢凶化吉、收妖避邪"的依据。

动物类

麒麟

麒麟是中国传说中的仁兽。麒为雄,麟为雌。《说文解字》:"麒,仁兽也。麇身牛尾,一角。"有人认为它的体形和各种习性都来源于鹿,是以鹿为原型想象出来的动物——麒麟二字,偏旁皆为"鹿",即应源于此。除了鹿的主体形象外,还有龙头、狮眼、虎背、熊腰、蛇鳞、马蹄、牛尾等多种动物的"零部件"。

传说中的麒麟,性格温良,头上虽然长角,但角上长肉,是"虽武备而不用"的有德性的"仁兽"。我国民间盛行在寺庙和院墙上画上一只四蹄腾飞的麒麟,作为辟邪纳福的吉祥物。

在民间俗信中,麒麟具有辟邪挡煞的作用。所谓"煞",简单地说,就是一种凶神。旧时民居建筑中常用麒麟在门前挡煞。

民间还有用麒麟化解冲犯太岁的习俗。前文已经介绍过,太岁也是老妖一只,这只老妖能臣服于仁兽麒麟,也算是邪不胜正的一个经典例证。"仁兽"麒麟是人们向往美好生活的产物。用麒麟化解太岁的戾气寄托了人们对以正克邪的期望。

貔貅

与仁兽麒麟不同,貔貅是一种面目凶恶的瑞兽,它龙头、马身、麟脚,形似狮子,毛色灰白,会飞,为古代五大瑞兽(龙、凤、龟、麒麟、貔貅)之一。传说貔貅原为天上的一位天神,工作内容之一是穿山破石捉拿妖魔,阻止妖魔邪祟扰乱天庭。

据古书记载,貔貅因专食猛兽邪祟,故又称"辟邪"。古代的风水学家认为貔貅是转祸为祥的吉瑞之兽,因此它自古至今一直被视作旺财纳福、辟邪化煞、镇宅保平安的吉祥物。

瑞兽而面目凶恶,这大概反映了人们在长期与各种灾难抗争过程中的另外一种经验吧。比如,来势汹涌的倾盆大雨能及时缓解旱情,天寒地冻、漫天大雪可以冻死害虫等等。面目狰狞而心地善良者,貔貅也。

龟

历代野史笔记中关于龟的记载很多,"龟鹤延年"、"龟龄鹤寿"、"龟鹤遐龄"等历来是人们为老人祝寿时常用的吉祥语。据记载,宋代时很流行龟形器物,用来驱妖辟邪,象征吉祥如意。民间造房奠基时,有用活龟镇宅、以求家人平安的习俗。据报道,20世纪80年代,沈阳有一户人家在自家的房基下挖出一个木匣,里面就有一个活着的乌龟,原来是30年代他们家老一辈造房时用来镇宅的。

在现今的台湾地区,崇龟信龟的习俗由来已久。他们在举行神庙祭祀时,同时也举行龟祭,具体仪式是,集中若干大龟小龟,供于神案。龟的身上贴红纸,红纸上写有"祝赐福天官神寿千秋"字样。人们烧香祈拜,以求降福消灾,一生平安。台湾还有三处专门祭龟的"龟庙",凡身患疾病,或新店开张,以至嫁娶、生育、寿诞,都来此祭拜,祈求灵龟给自己带来好运,诸事如意。[①]

狮子

"飙生奋鬣,星若悬眸。爪排若锯,牙列如钩。既狰狞而蹀躞,乍奔突而淹留。昂首西倾,吸波涛于广淀。掉尾东扫,抗潮汐于蜃楼。"这是清代文人李云峥为河北沧州的铁狮子所作的《铁狮赋》。

铁狮子位于河北沧县旧州城内原开元寺前。躯体高大,面南尾北,昂首挺胸,双目怒睁,巨口大张,四肢叉开,仿佛疾

[①] 刘锡诚主编:《吉祥中国》,上海文艺出版社2012年版,第164—165页。

走乍停,又好似阔步前行。铁狮子铸于五代后周太祖广顺三年。传说古时沧州一带濒临大海,时常有海啸发生,百姓生活苦不堪言。为了消除水患,就铸造了铁狮子以震慑海魔,镇遏海啸——这中间就有利用狮子所具有的驱邪镇妖神力的因素。

旧时,各地都有将石狮子或铜狮子放置于自家大门两侧的习俗,这一方面是用来装饰,另一方面是希望借助狮子的驱凶辟邪的神力,给人们带来吉祥与运气。

狮子虽然不产于我国,但自从东汉章帝时月氏(今阿富汗一带)和安息(古波斯国)国王把狮子作为贡品送给汉王朝开始,狮文化就在我国深深地扎下根来,再加上随着佛教东来,佛教中狮文化的进一步影响,我国的狮文化更是繁荣到了极致——盛行于大江南北的狮子舞就是明证。狮子,特别是雄狮,体魄雄壮,吼声震天,其威武形象无可匹敌,因此,民间将它视为凶猛威武、驱邪辟祟的吉祥象征。南北朝时期杨炫之的《洛阳伽蓝记》中就有"辟邪狮子,引导其前"关于狮子舞的描写。如今广州一带,之所以每逢喜庆佳节都要敲锣打鼓舞狮子,就是源于狮子具有驱邪镇妖的俗信。①

老虎

民间一直视老虎为神兽。旧时,许多地方庙宇山门前的照墙上都写有一个斗大的草书"虎"字;一般习武、尚武的家庭中堂上常常挂有"虎啸图";端午节这天,人们佩戴用艾叶制成的老虎,小孩戴老虎帽、穿老虎鞋,额头上用雄黄画一个"王"……这些,都是因为相传老虎有驱妖、祛邪、避灾和镇宅的功能,因而人们仗借虎威以消灾增福。

其他

石头

普通的石头能成为压邪辟邪的法宝,源于古人的灵石崇拜意识。敦煌写卷中有《用石镇宅法》,云:"凡人居宅处不利,有疾病、逃亡、耗财,以石九十斤,镇鬼门,大吉利;人家居宅已来,数亡遗失钱不聚,市买不利,以石八十斤,镇辰地大

---

① 刘锡诚主编:《吉祥中国》,上海文艺出版社2012年版,第244、第251页。

吉。"所谓"镇",就是照风水先生指定的方位,埋下一块石头。

以石头作为压邪、驱邪的吉祥物,最典型的要数"泰山石敢当"了。石敢当的故事源起山东泰山一带,后来传布全国各地。旧时街衢要道的路口或民居宅基的墙根都会见到镌刻着"石敢当"或者"泰山石敢当"字样的石碑,如北京王府井大街北口中国科学院考古研究所院子里、北京沙滩北街的一条胡同里至今还保留着较为完整的"石敢当"。

福建、广东、广西及台湾地区都有大量的"石敢当"崇拜的习俗。特别是在台湾,那里的"石敢当"除了置于民居门前、三岔路口等易犯冲之处外,河川池塘的岸边以及渡船码头都会有它的身影。这是因为台湾地区台风多发,在民智未开的古代,人们认为这是妖邪在兴风作浪,于是在水边和码头等人们生活和活动的地方,竖立"石敢当",以止风止煞。

玉器

中国的玉文化源远流长,分布极广,世所罕见。

人们认为,玉石深藏地下亿万斯年,长期凝聚地气,且质地细腻坚韧、温润晶莹,再加上佩戴玉器能使人有别样的感觉,因此视之为灵异之物,也因此有了对玉石的信仰,有了玉文化。

民间信仰中,玉常被人们用来制作辟邪保平安的护身符。传说玉能发出一种特殊的光泽,这种光泽是邪祟妖魔最怕见到的,因此玉是压邪的宝贝。

民间对玉石的信仰很重要的一点是认为玉有祥瑞之征,它有远祸近福、祛凶辟邪、保平安的功能。人们喜欢佩戴玉器,是因为由玉石加工而成的玉器能使佩戴者凝神聚气。这一点确实有其科学成分在内。经用科学方法对玉石的构成成分分析,证明了玉石中存在对人体有益的微量元素。

古人虽未测出过什么微量元素,但他们感受到了。唐代冯贽写过一本《南部烟花记》,里面记录了隋炀帝的一个叫朱贵儿的嫔妃,头上整年插着一根玉拨,从来不用兰膏之类的美发用品,可她却"鬓鬟鲜润"。同为唐代人的段成式在他的《酉阳杂俎》说过这样一件事:有个人家里有一只玉精碗,夏天苍蝇不敢靠近它,用碗里所贮的水洗眼,眼病很快就痊愈了。清末民初的古玉收藏家刘大同也亲自体验过古玉有活血化瘀的功效。

古钱

先说一个流传极广的关于"压岁钱"的故事。

传说古时候有一个小妖,名叫"祟",每年的除夕晚上它都要出来害人。"祟"祸害的对象是小孩子,它会在熟睡的孩子头上摸三下,孩子吓哭后就会发烧、说吃语。烧没几天就会退去,但孩子此后就会变得痴呆,成为傻子。人们为了不让"祟"伤害到孩子,就在除夕之夜点着灯彻夜不睡,保护孩子。人们把这叫做"守祟"。据说浙江嘉兴地方有一户人家,夫妻俩老年得子,视若掌上明珠。除夕那天,他们怕"祟"来伤害孩子,就拿了几枚铜钱用红纸包起来又打开来,逗着孩子玩,想这样来"守祟"。后来孩子困了,睡着了,不一会儿老夫妻俩也支撑不住了,就把红纸和铜钱塞在孩子的枕头下面,自己紧挨着孩子打起了瞌睡。到了半夜,一阵狂风吹开了房门,吹灭了灯火,随后,"祟"冲了进来,当它刚想用手去摸孩子的额头时,孩子的枕边突然发出一道闪光,那个"祟"尖叫一声,逃出门去。孩子安然无恙……这对夫妻把用铜钱吓退妖祟的事告诉了大家,后来人们都"照方抓药",每到除夕晚上,大人就用红纸包上几枚铜钱,塞在孩子的枕头下面,人们将红纸包着的铜钱称作"压祟钱"。此后再也没有孩子被妖祟伤害的事发生了,不过,每到除夕晚上,用红纸包上铜钱放在孩子的枕头下面却成了习惯,只是"压祟钱"变成了"压岁钱"。

古钱之所以辟邪,不外乎两个方面。一是古钱外圆内方的形制,暗合了天圆地方的传统观念,集纳了天地日月的精华及天人和谐的正气,故而可以克邪;二是古钱历经万人之手,可集众人之阳气以抵御妖祟一类的阴类。

发展到后来就更讲究,民间认为,一般用于压邪的古钱是"五帝古钱"。这里的"五帝"是指清朝五个最兴旺的皇帝的年号,即"顺治"、"康熙"、"雍正"、"乾隆"、"嘉庆"。当然,像西汉时"文景之治"或盛唐时期"开元之治"时的古钱同样具有压邪之效,只是时间久远,较难寻觅。这其中的原因就是,国家强盛,国势兴旺,其时的"硬通货"就更强势,阳气更旺,压邪辟邪效果更好——这一切只是人们的心理预期而已。

水

在传统文化中,水为"五行"(水、火、木、金、土)之一,位居"三官"(道教所尊奉的天官、地官、水官)之列,人们对水的敬畏几乎达到了与天地并重的程度。

水对人类生存的重要性毋庸多说,水也由此被赋予了压邪功能。

首先说说江河湖海的水。老子《道德经》有言:"上善若水,水利万物而不争。"意思是说水有滋养万物的德行,使万物得到它的利益,而不与万物发生矛盾、冲突,所以,天下最大的善性就是像水一样,一生利他而与世无争。正因为水有如此的德行,所以任何妖魔邪祟在水的面前皆无存身之地。

中国佛教的密宗有一种名为"灌顶"的仪式,相传这一仪式源于古印度。古代印度的国王即位,国师即以"四海之水"

浇于国王头顶,以示祈祥祝福。基督教的入教仪式洗礼也是用水,行礼时,主礼者口诵经文,给受洗人注水于额上或颈上;更有一种"浸礼",要将受洗人全身浸入水中。在中国民间,老百姓更普遍的是每有重要的法事活动,事前都要"香汤沐浴"。水在上述仪式中之所以充当重要角色,就是因为水具有天然的吉祥如意和除凶驱邪的功效。

"上巳节"(农历三月初三)和傣族的泼水节都与水有关,都是水可辟邪、消灾、纳福的体现。

再说说井水和泉水。

苏州虎丘山上那口"憨憨泉"(也叫"憨憨井")广为人知。"憨憨泉"传说是由一个名叫"憨憨"、双目近乎失明的孤儿掘成的。憨憨是虎丘山上一个庙里的挑水僧,他要从山下的大河挑水到山顶的庙里,路很远,很辛苦,除了挑水,还要做别的事。庙里的方丈拿他当牛马一样使唤,不是打就是骂。憨憨不堪忍受,很想在山上开一口井。于是,他一有空就在地上东摸摸西摸摸,想找到水源。有一天他突然摸到一处地方长满了青苔。他知道,这下面肯定有水源。从此,憨憨发疯似的用双手扒土挖井,双手都挖得血淋淋的。终于有一天,他听到了淙淙的流水声,过了一会儿,"噗"的一声,一股井水喷了出来,直喷到憨憨的脸上。说来也奇怪,憨憨顿时眼前一亮——井水治愈了他的眼疾,他又重见光明了。

温泉水含各种有益矿物质,对人体健康有益。温泉的水温度比较高,还可以有效地消除人体疲劳,促进血液循环。如此奇妙的治疗效果,加上固有的水可以压邪辟邪、消灾纳福的观念,人们趋之若鹜地泡温泉便也顺理成章。

第四篇 妖出与妖没

降妖高手多

民间传说和"聚精会神"一类文本中的降妖服邪的高手其数难计,而且这些高手中既有一专多能的,如钟馗,其专职是治鬼,但别的妖魔鬼怪被他碰上了也绝不会放过;也有复合型的全能战士,不管你是妖是怪还是精,他都会积极主动、一往无前地予以坚决彻底的打击和歼灭,如孙悟空、哼哈二将、四大天王等。

◎ 各有其高

在民间信仰中,资格最老、最为人们熟知的门神,要算神茶、郁垒这一对善于擒鬼降妖的兄弟。如果有邪魔恶鬼骚扰百姓,他兄弟二人便会将其捉去喂老虎。后来,人们就把他们二人的画像贴在大门上,或者就在桃木板上写上"神茶"、"郁垒"钉在门上,以之避鬼驱邪。这个形式后来慢慢演变成了春联。

张道陵，原名张陵，东汉末年"五斗米道"的创立者，被奉为道教的创始者，道教徒尊称他为张道陵，张天师、祖天师、正一真人等也是教徒对他的尊称。传说张道陵是一位可以降妖斩鬼、祈雨消瘟的仙人，有关他这方面的道行，冯梦龙《喻世明言》里《张道陵七试赵昇》一文有具体描写。

在民间传说中，钟馗是捉鬼能手，但他降妖驱祟的本领并不逊色。从他的几个封号就可见一斑：玉帝封他为"驱邪斩祟将军"，道教中称他为"圣雷霆驱魔辟邪镇宅赐福帝君"，简称"镇宅真君"、"驱魔真君"、"驱魔帝君"，与伏魔大帝关圣帝君（关羽）、荡魔天尊真武帝君（真武大帝）合称为三伏魔帝君，是降妖伏魔的三大神祇。正因为钟馗如此了得，所以早在唐朝开元年间就有朝廷将钟馗画像作为新年礼物赐给大臣的惯例。北宋神宗时，皇帝得到了吴道子的一幅《钟馗图》，还特地刻板印制了一批，赐给文武大臣。

赵公明，大名鼎鼎的财神菩萨，他还有降妖伏魔的本领？不错，他不但有这一手，而且并不逊于他招财进宝的法力。赵公明的法号叫"伏虎玄坛"，说明他具有降妖伏魔的力量，法力很强。威风凛凛猛将形象的赵公明,既能降妖伏魔,又可招财利市,所以很多商户都喜欢把他供奉在店铺中,面向大门,如此,在招财进宝的同时又可借以镇守门户,不让外邪入侵。

关羽也是一位降妖伏魔的高手。在老百姓的心目中,关羽生前是一个忠勇神武、义薄云天的英雄好汉;死后的关羽亦是一位镇守八方、降妖伏魔的大神,是一位护民伏魔尊者。明万历年间朝廷册封关羽为"三界伏魔大帝"。此后,关公不仅成为封建朝廷官方祭祀的神祇,而且成了民间百姓供奉的神明。人们争相敬奉关公,认为这样才能逢凶化吉、遇难呈祥。

秦琼和尉迟恭是明代以来民间流传最广泛的一对门神。这两位在历史上确有其人,是隋唐时期人物,后来成为妇孺皆知的能降妖驱邪的门神。他们一左一右,一白一黑,居左面白者秦琼,居右面黑者尉迟恭,皆盔甲齐整、手执武器。据说妖魔邪祟看到两位如此威武,原本想进入这家耍横一番的,都转身就走,不敢迈进大门一步。

◎ 齐天大圣

打铁先要自身硬,孙悟空不是打铁的,但他的"硬功夫"却是十分了得。在妖、怪、精面前,孙悟空是一位"全能战士"。取经路上,一众妖魔无一不是或被降服,或落荒而逃现出原形。他取胜的方式并不是一味地硬碰硬单挑,而是有力敌、有智取。他有一个坚定的信念,必须扫除取经路上的障碍,完成取经大业。

孙悟空取经路上一系列降妖伏魔的过程表现出一种特有的气质。他的这种气质总的来说是由下列四种元素构成的:一是有过硬的真本领;二是有锐利的观察力、判断力;三是有疾恶如仇的意志力;四是有智慧,不蛮干。

说到孙悟空的真本领,要从他在"灵台方寸山,斜月三星洞"须菩提祖师座前学武说起。当祖师对他说要防备"三灾利害"时教诲他:"此乃非常之道:夺天地之造化,浸日月之玄机;丹成之后,鬼神难容。虽驻颜益寿,但到了五百年后,天降雷灾打你,须要见性明心,预先躲避。躲得过,寿与天齐;躲不过,就此绝命。再五百年后,天降火灾烧你。这火不是天火,亦不是凡火,唤做'阴火'。自本身涌泉穴下烧起,直透泥垣宫,五脏成灰,四肢皆朽,把千年苦行,俱为虚幻。再五百年,又降风灾吹你。这风不是东南西北风,不是和熏金朔风,亦不是花柳松竹风,唤做'赑风'。自囟门中吹入六腑,过丹田,穿九窍,骨肉消疏,其身自解。所以都要躲过。"①

听了祖师的这番话,孙悟空缠着祖师"传与躲避三灾之法",结果"祖师说:'也罢,你要学那一般?有一般天罡数,该三十六般变化;有一般地煞数,该七十二般变化。'悟空道:'弟子愿多里捞摸,学一个地煞变化罢。'祖师道:'既如此,上前来,传与你口诀。'遂附耳低言,不知说了些甚么妙法。这猴王也是他一窍通时百窍通,当时习了口诀,自修自炼,将七十二般变化,都学成了。"学了"七十二般变化"后,孙悟空又学会了"筋斗云"——一个跟头可以翻出十万八千里之外。

就这样,"师傅领进门,修行在自身",靠着自修自炼、勤学苦练,孙悟空才有了过硬的本领。

---

① [明]吴承恩:《西游记》第二回,人民文学出版社1980年版。

第二是他的观察力、判断力,即所谓的"火眼金睛"。"火眼金睛"只是一种比喻,并非是他的眼睛有什么特异功能,他的观察力、判断力来源于历练、经历等等。大家也许还记得孙悟空出道前,亦即大闹天宫前漂洋过海学艺那段故事吧。正如孙悟空后来对他的"徒儿们"所说的那样:"我当年别汝等,随波逐流,飘过东洋大海,径至南赡部洲,学成人像,着此衣,穿此履,摆摆摇摇,云游了八九年余,更不曾有道;又渡西洋大海,到西牛贺洲地界,访问多时,幸遇一老祖,传了我与天同寿的真功果,不死长生的大法门。"独行天下,阅人无数,这就使他有了超乎常人的观察力和判断力。

退一万步说,孙悟空确实是"火眼金睛",即他那双眼睛有"特异功能",那么,这"特异功能"是先天的、与生俱来的吗? 显然不是,是在太上老君的炼丹炉里练就的。孙悟空大闹天宫,不幸被太上老君的法宝"金刚琢"击中了天灵盖,被逮住了——

  齐天大圣被天兵押到斩妖台,绑在降妖柱上。
  可是,无论怎么刀砍斧剁、枪刺剑刳,大圣都毫发无损。南斗星一看,只好命令火部天神放火烧大圣。但是,火部天神烧来烧去,还是没烧坏大圣。南斗星没办法,又叫来雷部天神,用雷电劈大圣,仍没伤到大圣一丝一毫。大力鬼王和各路天神见怎么都伤不了大圣,只好去启奏玉帝,说:"万岁,这妖猴不知道在什么地方学了非同凡响的护身法。我们刀砍斧剁、火烧雷劈,都没伤他一根毫毛。怎么办?"玉帝见大圣刀火不伤,顿时目瞪口呆,一时没说出话来。过了片刻,玉帝僵硬地张开嘴,结巴着,说:"这……这可怎么办啊?"太上老君在边上听了,说:"这猴子,吃蟠桃,喝御酒,又偷仙丹。我那五壶仙丹,有生有熟,都被他吃到肚子里。他运用三昧火煅烧成一块,所以已经是金刚不坏之身,谁都别想伤他。不如让我带走,放进八卦炉,以文武火煅烧,将他烧成灰烬,顺便还能把我的金丹烧出来。"玉帝觉得老君说的是个办法,就叫六丁六甲把大圣从降妖柱上解下来,交给老君。玉帝安置完大圣,叫来二郎显圣,赏了百朵金花、百瓶御酒、百粒仙丹,以及明珠异宝、锦绣织品,叫他全都拿回去,分给他的六个兄弟。真君谢过恩,带着赏赐,兴高采烈地回了灌江口。

老君带大圣来到兜率宫,叫小童解下大圣的绳索,拿掉穿肩胛骨的钩刀,把大圣推进八卦炉,盖好炉盖,就叫看炉的道士、架火的童子扇起火,仔细烧炼。老君的这八卦炉,是乾、坎、艮、震、巽、离、坤、兑八卦。大圣被推到炉子里,最后钻到"巽宫"的位置下,藏了起来。巽是风,所以有风无火,风搅出烟来,把大圣的两只眼睛熏红了。大圣被熏红了双眼,得了病眼,故唤作"火眼金睛"。

"火眼金睛"就是这样炼成的。"吃得苦中苦,方为人上人",这并不是一句简单的励志语录,需要践行,才能获益。

孙悟空凭着这双"火眼金睛"化解了多少风险!就拿《西游记》第十六回《观音院僧谋宝贝 黑风山怪窃袈裟》来说,孙悟空一行来到观音禅院,老住持为谋占袈裟,欲纵火烧死唐僧师徒：

　　却说三藏师徒,安歇已定。那行者却是个灵猴,虽然睡下,只是存神炼气,蒙眬着醒眼。忽听得外面不住的人走,揸揸的柴响风生,他心疑惑道:"此时夜静,如何有人行得脚步之声？莫敢是贼盗,谋害我们的？"他就一骨碌跳起。欲要开门出看,又恐惊醒师父。你看他弄个精神,摇身一变,变做一个蜜蜂儿……只见那众僧们,搬柴运草,已围住禅堂放火哩。行者暗笑道:"果依我师父之言！他要害我们性命,谋我的袈裟,故起这等毒心。我待要拿棍打他啊,可怜又不禁打,一顿棍都打死了,师父又怪我行凶。罢！罢！罢！与他个'顺手牵羊,将计就计',教他住不成罢！"[①]

后来悟空从天界借来辟火罩罩住唐僧,自己在一边鼓

---

① ［明］吴承恩:《西游记》第十六回,人民文学出版社1980年版。

风,火烧净禅院。如果不是孙悟空的观察力和判断力,师徒一行四人将命丧火海。

第三,孙悟空疾恶如仇,有一股铁石心肠,意志力极强。这一点在"三打白骨精"一节文字中得到最经典、最精确的体现。

第一次,荒山野岭,白骨精变做一个女子。悟空举棒就打,道:"她是个妖精,要来骗你哩。"第二次,白骨精又变做一个老太婆来寻女儿,被孙悟空看出了破绽:"那女子十八岁,这老妇有八十岁,怎么六十多岁还生产?断乎是个假的。"照头便打。第三次,白骨精又变个老头子来寻老伴,照样被打——这一次打出了白骨精的原形。

他认定了白骨精绝对不是好货,故而坚决彻底地将她打出原形,绝了后患,保护了师父——尽管师父为这件事还误解了自己,但他也毫不后悔。这是一种"宜将剩勇追穷寇,不可沽名学霸王"的除恶务尽的意志力。

最后一点,孙悟空的智慧。妖魔的世界是人类社会的折射,人类社会的复杂性,妖魔世界都有。比如"天外有天,人上有人",比如人际关系网,比如"潜规则"……经过历练的孙悟空,对此也了然于胸。

但天外有天,人外有人,江湖上高手多,各有来路。面对这些来犯之敌,经判断、掂量之后,意识到前来侵犯的魔头并非平常之辈,单凭一己之力是难以取胜的,弄不好连取经大业也要毁于一旦。这时,他就决定斗智不斗狠,迂回智取而后胜。

如小说第五十回至五十二回,写的是太上老君的坐骑青牛,七年前趁看牛的童子打瞌睡之机,偷走了老君的金刚琢,来到金兜山金兜洞兴妖作怪。它使一根丈三长的点钢枪,自称"独角兕大王",实力极为强大。孙悟空屡战不胜,经过一番折腾,最后到天宫请太上老君亲自上阵,降服了独角兕。

又如第七十四至七十七回,讲的是孙悟空一行四人来到狮驼岭,遇上了三个魔头,还有四万八千个小妖,专在那里吃人。孙悟空从太白金星那里知道三个魔王确实神通广大,经过几次交手之后,知道自己难以取胜,遂向佛祖如来求救。如来派了文殊菩萨和普贤菩萨降服了他俩各自的坐骑青狮和白象,本领最大的大鹏金翅雕,也被外甥如来的法力困住了。

再如第八十九回至九十回,取经队伍来到豹头山,山上有一个魔王九头狮子,自称"九灵元圣",它原是天上太乙真人(即太乙救苦天尊)的坐骑,只因看守它的童子偷吃了大千甘露殿中的一瓶轮回琼液睡着了,被它挣脱锁链逃到下界。它下界后化身为竹节山九曲盘桓洞的九头狮子精,并成为原住于此的"地头蛇"猱狮、雪狮、狻猊、白泽、伏狸、抟象的"祖翁"。它是《西游记》中本领最大的一个魔王,一不靠法宝、二不靠法术、三不靠武器而生擒孙悟空——当然,凭孙悟空的七十二般变化,他自己逃命是不成问题的,问题是还有师父和师弟,还有取经大业。面对如此一等一的高手,悟空找到了"九灵元圣"的主人太乙真人。太乙真人手到擒来,障碍扫除,取经队伍继续前行。

孙悟空深知"一物降一物"的道理,这就是他的智慧。自己降伏不了、打不过,就去找能降服它的人。他前前后后找过那些强过自己的对手的主子、后台、上司,或者找自己的上司——有人戏言的所谓"取经项目"的 CEO 观音菩萨。保存自己,消灭所有挡道的妖魔,确保取经大业的完成,这既需要勇气,更需要智慧。

网上有一篇名为《西游记潜规则》的文章,其中有一句极为经典的话:有后台的妖精都被收走了,没后台的妖精都被孙悟空一棒子打死了。这话说得一点儿也不错。妖魔的世界本就是人类社会的折射。再说了,孙悟空的任务是去西天取经,不能什么事都管,他也管不了,他只能做他该做的和能做的事,其他的事自有人管。

◎ 哼哈二将

进入佛寺山门,我们一眼就会看到左右两边的"哼哈"二将。他们的形象略有不同,一般是头戴宝冠,睁眼鼓鼻,上身裸露,面相忿然,手持金刚杵,意喻降妖伏魔,护持佛法。其不同之处在于左将怒目张口,似乎在舞动金刚杵击打妖魔;右将紧闭着嘴,平托金刚杵,似在积蓄力量,怒目圆睁,高度戒备。

哼哈二将源于佛教,但佛教里并无这两位的名字。怎么理解?其实民间传说中有几种说法。其一,据佛教典籍记载,释迦牟尼有五百个手持金刚杵的贴身侍卫,其头领叫密迹金刚,他常常独自一人担当看守寺院第一道大门的重任。佛教传入中国以后,受到民间凡事都要成双成对的习惯的影响,本土化的结果就是给密迹金刚添了一个伙伴,成了左右各一的两位,这就是后来的哼哈二将。

说法之二,说密迹金刚本是佛国护法的"二十诸天"之一,佛教进入中国后,经过本土化,好事成双地就有了一个同伴。

说法之三,在远古时代,有一个国王的夫人生了一千个儿子,个个都成了佛。最小的两个儿子一个叫青叶髻,一个叫楼至德。他们两兄弟为了保卫兄长们成佛,同时也为了保护佛法,便自觉自愿做了佛国的佛法神。他们手拿武器,怒目而视,威武雄壮,尽职尽责,把守山门,保卫佛国与佛法永远不受侵害。

至于哼哈二将的得名,则拜《封神演义》所赐。明代小说

《封神演义》作者根据本土化佛教守护寺庙的两位门神,加以附会而成书中的两员神将。他俩形象威武凶猛,一名郑伦,能鼻哼白气制敌;一名陈奇,能口哈黄气擒将。两位的主要区别就在这开口和闭口,开口者为哈将军,闭口者为哼将军。

《封神演义》里的郑伦原为商纣王的部将,拜昆仑度厄真人为师。真人传给他窍中二气,将鼻子一哼,响如钟声,同时可以喷出两道白光,吸人魂魄,故名哼将。后来他被周文王擒获,改邪归正,却又被纣王的部下金大升斩死。哈将陈奇也是商纣王的部将,曾受异人秘传,养成腹中一道黄气,张口一哈,黄气喷出,见之者魂魄自散,后来被哪吒的乾坤圈打中,被黄飞虎刺死。在姜子牙封神时敕封郑伦、陈奇镇守西释山门,宣布教化、保护法宝,这就是民间所流传的哼哈二将。

哼哈二将执勤时的形象非常威武:左边门的哈神伸出一指,嘴巴微张,像是在大声喝"哈";右门的哼神则是竖起两指,仿佛在发出"哼"的声音。有他们镇守在大门口,什么样的妖魔还敢在此喧哗骚扰?

中国各地哼哈二将的履职情况如何呢?

山东黄县(今龙口市)的潜唐庵前殿(山门殿),殿内站着一尊把门将军,一般庙宇把门的大都是哼哈二将成双,左右对立,为什么潜唐庵却只有一位把门将军呢?推想起来,这大概是佛教初入中国时庙宇建筑的遗风。

河南章丘市文祖镇有唐代古刹水母娘娘大殿的"行宫"(俗称"二门"),宫门口郑伦和陈奇这对哼哈二将两边威立:一个面如枣紫涂红霞,一个脸似蓝靛龇獠牙;一个手提降妖木,一个挥舞荡魔杵。哼哈二将不怒自威。

陕西石泉三门殿寺院的大门一般都是三门并立,中间一大门两旁各一小门,所以称三门殿。三门殿内门两旁竖两大金刚像,手持金刚杵,故又名"执金刚"。人们称这两尊像为"哼哈二将"。

哼哈二将本应是一对情同手足的战友,但《封神演义》的作者却一度让他们分属敌对的两个阵营,捉对厮杀。那么当哼将军对战哈将军会是什么情况呢?《封神演义》第七十四回《哼哈二将显神通》中有一段精彩的文字描写了两人的单挑场面:

二将阵前寻斗赌,两下交锋谁敢阻;这一个似摇头狮子下山岗,那一个不亚摆尾狻猊寻猛虎。这一个忠心定要正乾坤,那一个赤胆要把江山辅,天生一对恶星辰,今朝相遇争旗鼓。

话说二将大战虎穴龙潭:这一个恶狠狠圆睁二目,那一个格吱吱咬碎银牙。只见土行孙同哪吒出辕门来看二将交兵,连黄飞虎同众将也在门旗下,都来看厮杀。郑伦正战之间,自忖:"此人当真有此法术,打人不过先下手为妙。"把杵在空中一摆;郑伦部下乌鸦兵如长蛇阵一般而来。陈奇看郑伦摆杵,士卒把挠钩套索似有拿人之状;陈奇摇杵,他那里飞虎兵也有套索挠钩,飞奔前来。正是:

能人自有能人伏,今日哼哈相会时。

郑伦鼻子两道白光,出来有声;陈奇口中黄光也自进出。陈奇跌了个金冠倒躅,郑伦跌了个铠甲离鞍。两边兵卒不敢拿人,只顾各人抢各人主将回营。郑伦被乌鸦兵抢回,陈奇被飞虎兵抢回,各自上了金睛兽回营。土行孙同众将笑得腰软骨酥。郑伦自叹曰:"世间又有此异人,明日定要与他定个雌雄,方肯罢休。"不表。只说陈奇进关来见丘引,尽言其事。丘引又闻佳梦关失了,心下不安。次日,郑伦关下搦战,陈奇上骑出关,言曰:"郑伦!大丈夫一言已定,从今不必用术,各赌手上功夫,你我也难得会。"催开坐骑,又杀了一日,未见输赢……①

最终的结局是哈将军陈奇死于西岐将军之手,而哼将军郑伦又死于纣王部将之手,直到姜子牙推翻了商纣王,周王朝确立后大封神时,两人被敕封镇守西释山门,宣布教化、保护法宝,这就是后来民间所流传的哼哈二将。

◎ 四大天王

四大天王,亦称"护世四天王",佛教中国化以后又俗称

---

① [明]许仲琳:《封神演义》,中国画报出版社2013年版。

"四大金刚",源自印度佛教。印度佛教传说,须弥山(佛教视为世界的中心)山腰有一山名叫犍陀罗山,山有四峰,各有一天王居之,各护一天下,故名。佛教传入中国之后,中国寺院供奉的塑像一般为:东方持国天王,塑像身为白色,手持琵琶;南方增长天王,塑像身为青色,手持宝剑;西方广目天王,塑像身为红色,手上绕缠着一条龙或蛇;北方多闻天王,塑像身为绿色,右手持伞,左手持银鼠。又有人将这四位天王的名号加以阐释,意为是对人生的劝勉和告诫:持国天王为执掌,增长天王为多学,广目天王为多看,多闻天王为多听。

四大天王(四大金刚)在民间名声非常响,这完全是神魔小说的功劳。

《西游记》中的四大天王听命于玉帝,如第五回:"玉帝大恼,即差四大天王,协同李天王并哪吒太子,点二十八宿、九曜星官、十二元辰、五方揭谛、四值功曹……去花果山围困,定捉获那厮处治。"

《封神演义》里的四大天王是"佳梦关魔家四兄弟":南方增长天王,名魔礼青,手持青锋宝剑,以"锋"谐音"风";北方多闻天王,名魔礼海,用一根枪,背上一把琵琶,上有四条弦,以琵琶之义谐"调";西方广目天王,名魔礼红,手持混元伞,以伞之义谐"雨";东方持国天王,名魔礼寿,手持紫金花狐貂,司"顺",连起来就是"风调雨顺"。《封神演义》中说他们在佳梦关抵御周军,杀人无数,后被黄天化所杀,死后被姜子牙封为"四大天王"。

四大天王原本为佛教护卫天下的人物,在《西游记》和《封神演义》里却成了道家的家臣、将领,的确有点不可思议。但如果从这是中国的本土宗教道教与外来宗教佛教争夺影响力的角度来看,也就不稀奇了。好在现在佛教庙宇的大殿上都有四大天王的塑像。能为佛道两家争相聘用的人物,一定是非同一般的人物。

事实也确实如此。四大天王虽然不是佛,不是菩萨,其职司只是护法而已,但这"护法"二字就意味着守护法的尊严、神圣,绝不容许外道邪魔侵犯和玷污。因此,民间信仰中都将四大天王视为驱魔降妖的神人,进庙上香的善男信女都会对其礼敬一番。在他们看来,四大天王在庙宇寺院的大殿上履行职司,一直在保护着佛教的神圣,也保护着人间的平安。

且看"妖出没"

◎ 荣国府驱妖内情

且看《红楼梦》第一〇二回《宁国府骨肉病灾祲 大观园符水驱妖孽》:"先前众姊妹们都住在大观园中,后来贾妃薨后,也不修葺。到了宝玉娶亲,林黛玉一死,史湘云回去,宝琴在家住着,园中人少,况兼天气寒冷,李纨姊妹、探春、惜春等俱挪回旧所。到了花朝月夕,依旧相约玩耍。如今探春一去,宝玉病后不出屋门,益发没有高兴的人了。所以园中寂寞,只有几家看园的人住着。"大观园也和整个贾家一样,走在了下坡路上,而荒芜凄凉的园林历来被认为极易孳生妖孽邪祟。

长妈妈曾经给年幼的鲁迅讲过一个故事:先前,有一个读书人住在古庙里用功,晚间,在院子里纳凉的时候,突然听到有人在叫他。他答应着,四面看时,却见一个美女的脸露在墙头上,向他一笑,隐去了。他很高兴,但竟给那走来夜谈的老和尚识破了机关。说他脸上有些妖气,一定遇见"美女蛇"了;这是人首蛇身的怪物,能唤人名,倘一答应,夜间便要来吃这人的肉的。他自然吓得要死,而那老和尚却道无妨,给他一个小盒子,说只要放在枕边,便可高枕而卧。他虽然照样办,却总是睡不着——当然睡不着的。到半夜,果然来了,沙沙沙!门外像是风雨声。他正抖作一团时,却听得豁的一声,一道金光从枕边飞出,外面便什么声音也没有了,那金光也就飞回来,敛在盒子里。后来呢?后来,老和尚说,这是飞蜈蚣,它能吸蛇的脑髓,美女蛇就被它治死了。①

"深山藏古寺",故事中美女蛇出没的古庙即使不在深山之中,也一定是在远离尘嚣的偏僻之处。同古庙一样,荒废已久、杂草丛生、罕见人迹的园林在人们的印象中总是透着

---

① 鲁迅:《从百草园到三味书屋》,载《朝花夕拾》,人民文学出版社 1973 年版,第 42 页。

一股阴气,蒙昧不明、幽暗暧昧,隐隐中,那里不但是妖祟魔怪藏身隐匿之处,更是它们伺机蹿到人间作恶的"基地"。人们对这些地方有着不由自主的恐惧感。在每况愈下的荣国府和宁国府里,此时的大观园就是这样一个"基地",稍有风吹草动,草木皆兵,人人自危——境由心造,疑心生暗鬼,大观园中种种妖孽的传说就是这样来的。

就是在这样的背景下,尤氏有天晚上因去荣国府有事经过园中,回家后就病倒了。吃了几剂药,不但不见好,而且"更加发起狂来",贾珍、贾蓉也相继病倒。于是荣宁两府上上下下几乎都确定不疑地断定院子里有妖孽。贾家如何反应呢?且看:

> 独有贾赦不大很信,说:"好好儿的园子,那里有什么鬼怪!"挑了个风清日暖的日子,带了好几个家人,手内持着器械,到园踹看动静。众人劝他不依。到了园中,果然阴气逼人。贾赦还扎挣前走,跟的人都探头缩脑的。内中有个年轻的家人,心内已经害怕,只听"嗯"的一声,回过头来,只见五色灿

烂的一件东西跳过去了，唬的"嗳哟"一声，腿子发软，便躺倒了。贾赦回身查问，那小子喘嘘嘘的回道："亲眼看见一个黄脸红胡子绿衣裳一个妖精走到树林子后头山窟窿里去了。"贾赦听了，便也有些胆怯，问道："你们都看见么？"有几个"推顺水船儿"的回说："怎么没瞧见，因老爷在里头，不敢惊动罢了。奴才们还撑得住。"说得贾赦害怕，也不敢再走，急急的回来；吩咐小子们不用提及，只说看遍了，没有什么东西；心里实也相信，要到真人府里请法官驱邪。岂知那些家人无事还要生事，今见贾赦怕了，不但不瞒着，反添些穿凿，说得人人吐舌。

贾赦没法，只得请道士到园作法，驱邪逐妖。择吉日，先在省亲正殿上铺排起坛场来。供上三清圣像，旁设二十八宿并马、赵、温、周（道教的护法神将，三国时期名将马超、赵云、温侯吕布和周瑜）四大将，下排三十六天将图像。香花灯烛设满一堂，钟鼓法器排列两边，插着五方旗号。道纪司派定四十九位道众的执事,净了一天坛。三位法官行香取水毕,然后擂起法鼓。法师们俱戴上七星冠,披上九宫八卦的法衣,踏着登云履,手执牙笏,便拜表请圣。又念了一天的消灾驱邪接福的"洞元经",以后便出榜召将。榜上大书"太乙、混元、上清三境灵宝符箓演教大法师,行文敕令本境诸神到坛听用"……只见小道士们将旗幡举起,按定五方站住,伺候法师号令。三位法师,一位手提宝剑,拿着法水;一位捧着七星皂旗;一位举着桃木打妖鞭:立在坛前。只听法器一停,上头令牌三下,口中念起咒来,那五方旗便团团散布。法师下坛,叫本家领着到各处楼阁殿亭,房廊屋舍,山崖水畔,洒了法水,将剑指画了一回。回来连击令牌,将七星旗祭起,众道士将旗幡一聚接下,打妖鞭望空打了三下。本家众人都道拿住妖怪,争着要看,及到跟前,并不见有什么形响。只见法师叫众道士拿取瓶罐,将妖收下,加上封条,法师朱笔书符收起,令人带回在本观塔下镇住,一面撤坛谢将。①

以上就是贾家围绕荣宁两府发生的一系列怪异事件,从怀疑大观园有妖孽到请来道士作法驱妖科仪程式的全过程,从中也可以看出对有关民间信仰的众生相。

这么大的排场,这么大的动静,荣宁两府的其他人有些什么反应呢?贾蓉说:"这样的大排场,我打量拿着妖怪给我们瞧瞧,到底是些什么东西……"一些下人只以为妖怪已被捉拿,便不再大惊小怪了;其他人则将信将疑。

这么一番折腾,效果又如何呢?"贾珍等病愈复原。"立竿见影!果真这般神奇?这要从大观园有妖孽的事是怎么传出来的说起。其他的不去说,就拿上述引文第一节提到的,对园子里有妖孽"不大很信"的贾赦进园子"看动静"的有关细节来说一说。

贾赦一行进了大观园,随从的手里都拿着器械。一进到阴气逼人的园子里,内中有个年轻的家人,心里已经害怕,只

---

① 曹雪芹、高鹗:《红楼梦》,人民文学出版社1964年版。

听呼的一声,回过头来,只见五色灿烂的一件东西跳过去了,唬得嗳哟一声,腿子发软,便躺倒了。贾赦回身查问,那小子喘吁吁地回道:"亲眼看见一个黄脸红胡子绿衣裳一个妖怪走到树林子后头山窟窿里去了。"真有"黄脸红胡子绿衣裳"的妖怪?根本不是那么回事。那天跟着贾赦一起进园子的一个"小厮"后来对人说了,那个所谓"黄脸红胡子绿衣裳"根本不是什么妖怪,是一只受惊的大公野鸡从前面飞过去了,"那小子"因高度紧张而看走了眼,旁边的一帮人怕他遭到贾赦的责怪,就"顺水推船儿"一起替他圆了谎,都说是看见了妖怪。这一来,弄得原先"不大很信的"贾赦,"只得请道士到园作法事驱邪逐妖"。事情就是这么简单,园子荒废久了,自然会引来大量的野生动物,而野鸡的羽毛本来就是五彩斑斓的,吓破了胆的那个年轻人的"看走眼"和一众随从的"圆谎",就这样坐实了园子里有妖孽的传闻。由此推想,此前尤氏等人的所见也应该与此大同小异。

大观园的"妖孽"使得贾珍等人也相继病倒,很明显是心理疾病所特有的传染性导致的。"驱妖孽"的法事做完后,贾蓉说道士应该把捉拿到的妖孽拿给他们看看,贾珍听到后说了这么一番话:"糊涂东西!妖怪原是聚则成形,散则成气,如今多少神将在这里,还敢现形吗?无非是把这妖气收了,便不作祟,就是法力了。"贾珍的这番话就透露了他的那种如释重负的感觉。心病还要心药医,"妖气收了,便不作祟",便是一帖心药,"贾珍等病愈复原",顺理成章。

曹雪芹是不相信什么"妖孽"的,但他不是特意用文字正面表明观点,而是借用那个跟随贾赦进园子的"小厮"事后说出真相这一小插曲来曲线表明的。这才是大作家的手笔。

◎ 水脏洞正邪大战

水脏洞正邪大战是《西游记》第二回《悟彻菩提真妙理 断魔归本合元神》的内容。孙悟空当初别了花果山水帘洞和一众"孩儿们","飘过东洋大海"到了南赡部洲,又"飘过西洋大海",到了西牛贺洲,得须菩提祖师所传"与天同寿的真功果,不死长生的大法门",回到了水帘洞。一到水帘洞,就被"千千万万"的"孩儿们"围住诉苦,说是有个住在水脏洞、自称"混世魔王"的家伙洗劫了水帘洞。孙悟空一听大怒,直奔水脏洞,来了一场复仇之战——这场斗战有两个看点:一,这是孙悟空出道以来第一次大战,"混世魔王"是他斩杀的第一个妖魔;二,这场大战,孙悟空还没有得到那根如意金箍棒,而是徒手格斗,最后是用"混世魔王"的大刀片子结果了"混世魔王"。

美猴王正默看景致,只听得有人言语。径自下山寻觅,原来那陡崖之前,乃是那水脏洞。洞门外有几个小妖跳舞,见了悟空就走。悟空道:"休走!借你口中言,传我心内事。我乃正南方花果山水帘洞洞主。你家甚么混世鸟魔,屡次欺我儿孙,我特寻来,要与他见个上下!"

那小妖听说,疾忙跑入洞里,报道:"大王!祸事了!"魔王道:"有甚祸事?"小妖道:"洞外有猴头称为花果山水帘洞洞主。他说你屡次欺他儿孙,特来寻你,见个上下哩。"魔王笑道:"我常闻得那些猴精说他有个大王,出家修行去,想是今番来了。你们见他怎生打扮,有甚器械?"小妖道:"他也没甚么器械,光着个头,穿一领红色衣,勒一条黄绦,足下踏一对乌靴,不僧不俗,又不像道士神仙,赤手空拳,在门外叫哩。"魔王闻说:"取我披挂兵器来!"那小妖即时取出。那魔王穿了甲胄,绰刀在手,与众妖出得门来,即高声叫道:"那个是水帘洞洞主?"悟空急睁睛观看,只见那魔王:

头戴乌金盔,映日光明;身挂皂罗袍,迎风飘荡。下穿着黑铁甲,紧勒皮条;足踏着花褶靴,雄如上将。腰广十围,身高三丈,手执一口刀,锋刃多明亮。称为混世魔,磊落凶模样。

猴王喝道:"这泼魔这般眼大,看不见老孙!"魔王见了,笑道:"你身不满四尺,年不过三旬,手内又无兵器,怎么大胆猖狂,要寻我见甚么上下?"悟空骂道:"你这泼魔,原来没眼!你量我小,要大却也不难。你量我无兵器,我两只手毂着天边月哩!你不要怕,只吃老孙一拳!"纵一纵,跳上去,劈脸就打。那魔王伸手架住道:"你这般矬矮,我这般高长,你要使拳,我要使刀,使刀就杀了你,也吃人笑,待我放下刀,与你使路拳看。"悟空道:"说得是。好汉子!走来!"那魔王丢开架子便打,这悟空钻进去相撞相迎。他两个拳捶脚踢,一冲一撞。原来长拳空大,短簇坚牢。那魔王被悟空掏短胁,撞了裆,几下筋节,把他打重了。他闪过,拿起那板大的钢刀,望悟空劈头就砍。悟空急撤身,他砍了一个空。悟空见他凶猛,即使身外身法,拔一把毫毛,丢在口中嚼碎,望空中喷去,叫一声"变!",即变做三二百个小猴,周围攒簇。

原来人得仙体,出神变化无方。不知这猴王自从了道之后,身上有八万四千毛羽,根根能变,应物随心。那些小猴,眼乖会跳,刀来砍不着,枪去不能伤。你看他前踊后跃,钻上去,把魔王围绕,抱的抱,扯的扯,钻裆的钻裆,扳脚的扳脚,踢打挦毛,抠眼睛,捻鼻子,抬鼓弄,直打做一个攒盘。这悟空才去夺得他的刀来,分开小猴,照顶门一下,砍为两段。领众杀进洞中,将那大小妖精,尽皆剿灭。①

这是孙悟空出道后的第一次出手,斩杀了水脏洞洞主混世魔王,具有很强的象征意义。

《西游记》第一回交代,孙悟空的师父须菩提祖师所居的地名为"灵台方寸山,斜月三星洞"。在中国传统文化中,"灵台"和"方寸"都是指心田、心地,而"斜月三星"更是"心"字的笔画。"灵台方寸、斜月三星"就是一种象征,象征着须菩提祖师传道授业是立足于"心"(心性,精神境界)的。

同样是在第一回,须菩提祖师给他起了"孙悟空"这个名字。孙悟空本是一个猴子,猴子又叫"猢狲",将"狲"字去掉"犭"旁,意即去掉兽性。"姓"与"性"谐音,也就是说,师祖在使他有了人的"姓"的同时,也让原本属于兽类的他具备了人的"性"。

有人要问,既然猴子又叫"猢狲",为什么祖师不让他姓

---

① [明]吴承恩:《西游记》,人民文学出版社1980年版。

"胡",即去掉"犭"旁的"猢"的同音,不也一样是去掉了兽性?问得有道理,但要知道,"孙"字的繁体字"孫"是由"子"和"系"组成,当初祖师给他取名时说:"猢字去了兽傍,乃是个子系。子者,儿男也;系者,婴细也。正合婴儿之本论。教你姓'孙'罢。""正合婴儿之本论"就是要孙悟空具有纯真、纯净的像婴儿一样的本真人性——联系到《西游记》问世的时代背景,正是一个社会大转型(封建社会的母体上诞生了资本主义的萌芽),祖师要孙悟空具有婴儿一样的本真,是有其深意的。

再说"悟空"这个名字。"悟"字从"心"从"吾",意为"我的心","悟"与"空"相连,就是"吾心要空"。这是祖师教他性命双修之功,方法就是"悟","悟"到自己的内心,达至"真空"就大功告成了。

回到与"水脏洞主"混世魔王交手上来。请注意,混世魔王所住的"水脏洞"的"脏"字是五脏六腑的"脏",不是肮脏的"脏"——有人将"水脏洞"的"脏"字理解成肮脏的"脏",以此与孙悟空所住的"水帘洞"谐音成"水廉洞"对举,倒是蛮有意思,属于歪打正着,但这不是吴承恩的本意。而且,现在"脏"字的两个读音、两种解释,是汉字简化后才形成的。

"混世魔王"是一种比喻,既指那些扰乱社会,给人们带来严重灾难的人,也指成天吃喝玩乐、不务正业、到处胡闹的人。总之,"混世魔王"是消极、负面的一种人生态度。

那混世魔王"住居在直北上"的"坎源山""水脏洞"。"坎"在八卦里代表"水",在人体代表"肾"。"北"者,背也,为阴,丹书用"北"代指人的肾脏。肾是生命的源头,水是生命之根。在这个生命的根源之地怎能容得"混世魔王"来污染?所以孙悟空在杀了他称之为"混世鸟魔"的"混世魔王"之后,将被它抢来的"石盆"、"石碗"搬出洞外,准备带回水帘洞,"随即洞里放起火来,把那水脏洞烧得枯干,尽归了一体",然后带着一众被混世魔王抓来的小猴回归花果山。杀死了"混世魔王",毁掉了"水脏洞",其象征意义就是纯洁了生命的源头,驱除了生命源头的妖魔,以保持生命的纯净、纯真。对孙悟空来说,就是象征着他从今往后一心向佛,修炼自己。

深山老林本来就是幽深昧远、明灭不定、妖氛魔气弥漫的所在,再加上"混世魔王"盘踞的基地"水脏洞"在大山的背面,就更是一个阴暗恐怖的"妖出没"之地了。吴承恩将大魔头"混世魔王"安排在这么个地方,实在是得其所哉。妖魔在这里出现,又在这里被孙悟空剿灭铲除,即,先"出"后"没",朗朗乾坤,指日可待。"妖出没"——妖"出"即"没",得其正解。

◎ "病魔"盯上猪八戒

吴承恩的《西游记》面世后,兴起了一股跟风潮,什么《东游记》、《南游记》、《北游记》、《西游补》、《后西游记》等等,层出不穷。明代万历年间的文人余象斗将这"东、南、北"三本和杨志和所著的另一版本《西游记》合编成《四游记》。《续西游记》是《西游记》的另一部续书,内容是写唐僧师徒取经后,在漫长的返回东土路上发生的故事。主人公仍为唐僧与孙悟空、猪八戒、沙和尚,另外如来佛又派灵虚子和比丘僧沿途暗中护送——如来佛祖为了让孙悟空静心向佛,不杀生灵,强行收缴了他的金箍棒,为防没了金箍棒的孙悟空不敌妖魔而使经卷受损,所以派人保护。

下文讲的猪八戒与病魔的纠葛是《续西游记》第九十五章及第九十六章开头部分的内容,此处稍作改写。

唐僧师徒取经回还东土,路经一处停歇时,听说前面一个村落"近日来风寒暑湿,这村里大家小户,男男女女,都有些灾疾不安",而且医治也不见效,禳解也不灵,师徒决定前去医治村民。经过孙悟空的打探,得知病因"或是不忠不孝,或是好盗邪淫,或是大秤小斗,或是怨天恨地,造出种种恶因,以致疾病灾害",病魔乘虚而入。在比丘僧和灵虚子的暗助下,唐僧师徒把村里人的病都治好了。为了表示感谢,村子里的人都到庙里谢神斋供,还有送布帛、送钱钞的。唐僧只受斋供,其他的一律不受。悟空认为自己为了帮村人治病,搓药丸把自己的虎皮裙都搓坏了,就受了两匹布帛,预备换去身上的旧袄。八戒见悟空受了布帛,就说布帛太厚,受了几文钱钞。沙和尚说:"大哥二哥,师父只受斋供,我看他心似不安,你两个受他钱帛,只怕师父不肯。"可是孙行者却说:"吃他斋饭充饥,受他布帛遮寒,总是成就善男信女功德。只是出家人钱钞不当受。"猪八戒听了很不乐意,把钱往盘内没好没气地一丢,嘴里嘟囔着:"偏你受的,我就受不的?"哪里知道,八戒这贪嗔一起,妖孽便来了。这时,"只见一个病魔听了八戒这种邪心,就要到庵来冤缠八戒。只因真经在庙,比丘、灵虚、三藏这一派正气居中,哪里敢近?却飞空往前寻个头项儿算计八戒"。

病魔来到村里的更楼,碰到了两个鼯鼠精。病魔要两个鼯鼠精帮它一起算计猪八戒。"鼯精问道:'既是那取经僧有本事驱逐你,因何又要迷他?'病魔道:'始初他仗一派道心,把我们邪魔远逼,不敢犯真。谁叫他把经咒换人钱帛,动了贪嗔,与邪恶人一类。'鼯鼠又问:'怎样恶人,你们加病害与他?僧人如何驱逐?'病魔道:'我们那里能加害恶人,只因他自作恶孽,积阴成疾,各相染惹,这僧人仰仗真经发出正气,积阳散阴,自然我等病魔容留不住,他今动了贪嗔,故此我得以前来。见景生情,务要把和尚迷倒。但这和尚中有好的不动贪嗔,有两个动贪嗔的,请教你两位如何计较他?'鼯精听了笑道:'原来有此情由,这何难计较?今楼前瓜园结瓜正熟,你我随变熟瓜,那和尚们挑担到此,定是歇力,见园中瓜熟,必然来摘,待他吃下肚肠,我们任情加害。'病魔笑道:'好计,好计。'"

再说唐僧一行,治好了村里人的病后就继续上路了,回奔东土。这时节正值暑天炎夏,到了更楼前,唐僧就叫几个徒弟歇一歇,去找点水解解渴。悟空、八戒和沙僧听了就分头去找水了。"却说八戒走到楼前,只见一处空阔大园,那里有池塘?走了许多远处,只看见一地熟瓜,结得无数。八戒笑道:'造化,造化,没有水吃,这瓜极好解渴。'回头四望,不见园主人来,乃捡那熟大的摘了一个,剖开,三嚼两咽,连皮一顿吃个干净。思量又要去摘,不匡吃的是病魔所变,那妖魔入了八戒之腹,他就横撑竖撞,把个八戒翻肠搅肚,半步也难走,倒卧在园地。两个鼯精忙变了一个汉子、一个妇人,各执着棍棒上前道:'好和尚,走入我园偷吃西瓜,满地尚有瓜子,且打他一顿,再扯他去见官长。'"可怜的八戒,虽然凭他的功力和一身厚皮,并不惧怕两个鼯鼠精的棍棒,只是那个病魔在他的肚子里翻江倒海,腾挪闪转,却是痛得不行,愁眉皱脸,倒在地下,哼哼唧唧。

孙行者见等不着八戒,就一路寻过来。见状,"行者乃扶起八戒来走。八戒被那病魔舞弄,越加疼痛苦楚,半步也难,行者只得肩负前走。这两妖扯着那里肯放,两下里扯扯拽拽"。最后,还是两位护法的比丘和灵虚大师出面,先是以正气逼退了鼫鼠精,又给了两粒菩提子让八戒吃了下去,顿时将那个病魔逼出了体外,"一阵风从空而去",又到别处寻找那些自作孽的加害去了。

事后,经一事、长一智的猪八戒反省说:"都是我为钱钞,动了贪嗔,又无故窃取瓜食,这种恶因说不得,回见师父自行忏悔。"

小说中那个小村子的人们因为"或是不忠不孝,或是好盗邪淫,或是大秤小斗,或是怨天恨地"而致"灾疾不安",而且医治也不见效,禳解也不灵,实在是过于"化繁为简"了;猪八戒和孙悟空因收受村民的"谢物","得人钱帛,贪嗔所染",猪八戒还偷吃了一个西瓜,他便立马被病魔缠上,遭到报应。

小说确实是夸张了,但它阐述了一个观念:善有善报,恶有恶报。

"善有善报,恶有恶报"完整的表述是"善有善报,恶有恶报。不是不报,时辰未到。时辰一到,一切都报"。这意味着"报"有一个过程,不是说一个身染重病的人,拾到一笔钱交还失主就马上就康复了;也不是说小偷偷了一个手机立刻就倒地而亡;更不是说某人贪污了钱财或接受了贿赂,立马遭到天打雷劈。要知道,从行善或作恶到得到报应有一个较长或很长的过程,这个过程是人们通过长期的社会观察而总结出来的。

现代行为医学研究表明,人的善行或恶行会导致心理和生理上不同的变化。美国耶鲁大学和加州大学的专家跟踪调查了加州阿拉米达县7 000位居民,密西根大学调查研究中心对2 700多人进行了14年跟踪调查,三所大学得出结论并向世人宣布:善恶影响人的寿命。

身心医学研究表明,凡是贪得无厌、损人利己、贪污受贿、因盗抢而杀害人命者,他们的犯罪行为虽一时侥幸没有败露，但他们心中并不踏实，舆论的压力、法律的威严使他们长期处于恶劣的应激状态，精神高度紧张，引发身心不良反应，最终导致内分泌系统调节紊乱，生命节律失衡，各种疾病接踵而来。

巴西一位医学家马丁斯调查了583名贪污受贿、以权谋私的赃官，并与清廉者对比。经过长达十年的考察发现，贪官一组有60%的人生重病或死亡，而清廉一组生病或死亡的只有6%。经常乐于助人，且并不求回报者，恰恰得到了健康长寿的回报。奥妙何在？现代医学研究表明，德行高尚的人思想境界高，情绪愉悦，大脑中枢神经和内分泌系统调节正常，可分泌有益的酶类，促使各脏器充分发挥生理功能，血液循环畅通无阻，新陈代谢加快而促进体内废物的排出，有利于体内微生态环境的稳定。科学家们得出结论：乐善好施有助于增强机体免疫力。

曾经有这样一个实验，人在做坏事的时候会全身紧张，手心脚心发凉，毛发倒竖，从脚到头顶心有一种冷飕飕的感觉，这些反应对身体和心理会造成极大的伤害。反观另一个实验：人在做了好事时，会觉得浑身暖洋洋的，心里有一种莫名的激动，后背感觉麻酥酥的，有一种说不出的舒服感，全身特别轻松……这些反应是做好事而产生的正能量，有助于人的身心健康，祛病延年。

就像苍蝇不叮无缝的蛋一样，病魔侵犯人体除了导致外伤性、机械性创伤外，精神、心理方面的因素也是很重要的。行善积德，抵御病魔，大有潜力可挖——《续西游记》里的病魔就是利用人们"或是不忠不孝，或是好盗邪淫"以及一时的贪嗔乘虚而入，终致"恶有恶报"。

作为妖类的一种，病魔具有妖的本质属性——其貌不扬，其心极丑，其性极诈。前文说过，妖是人类设置的假想敌，那么，人设置病魔——这个会利用人性弱点加害自己的妖祟动机何在？答曰，这是人类对自身生命历程的体悟。人性中天生就有弱点，如果对这些弱点不予重视，不加克服，听任其存在，后果就是伤害自己，自己毁了自己。人类设置病魔这个妖类，就是为了警示自己：正视弱点，克服弱点，才能身心平安。

结语

《文心雕龙》是我国最早的文学理论专著,其中提到了"时运交移,质文代变"、"歌谣文理,与世推移"、"文变染乎世情,兴废系乎时序"等观点,表明作者已经发现了文学与时代发展的内在关系,用唐人白居易的话来说,就是"文章合为时而著,歌诗合为事而作"。

因时而变,应时而变,与时俱进,这是文化艺术的发展规律。民间文化、民间文学也是如此。

著名学者、文学史专家郑振铎先生在《插图本中国文学史》中写道:"有一个重要的原动力,催促我们的文学向前发展不止的,那便是民间文学的发展。原来民间文学这个东西,是切合于民间的生活的。随了时代的进展,他们便也时时刻刻的在进展着。他们的型式,便也是时时刻刻在变动着,永远不能有一个一成不变或永久固定的定型。又民众的生活又是随了地域的不同而不同的,所以这种文学便也随了地域的不同而各有不同的式样与风格……他们自身常在发展,常在前进。"[①]郑振铎

---

① 郑振铎:《插图本中国文学史》(第一册),作家出版社1957年版,第11页。

先生的这段话正可用来解释民间文学中妖故事的兴衰。

我们说,妖是远古人类面对一系列加害自身的自然灾难时,既不明所以又无力抵御而幻化而成的"假想敌",妖故事就是适应科学缺席、民智未启之蒙昧时期的一种文学样式。随着社会进步,科学昌明,特别是气象学、地质学以及相关科学的发展,人们对于客观世界的认识不断深化,对于危害人类生存的各种自然灾害、影响人类生活的各种自然现象,已经渐渐知其所以然了,因此也就不再会有"妖"这个"假想敌"的存在了。知晓了"所以然",也就有了抵御、抗击的应对之策,"兵来将挡,水来土掩",还能"料敌先机,先发制人",即加强观测,事先预报,将灾难造成的损失降到最低,力保人们的正常生活。如此,反映人类抗击灾难的,与"假想敌"拼死搏斗的妖故事也就失去了产生的土壤。虽然自然界还有许多未知的奥秘,但人们可以不断创新探索的手段,去探明它;即使还有一些难以预料的灾难袭来,我们也可以不断地总结经验教训,力争做到防患于未然,保障自己的生存权利。但所有这些,都不会再与妖有什么瓜葛了,也不会有与此有关的新的妖故事了。

　　妖形象和妖故事都已成为历史,但它在人类发展史上的作用——体现人类与各种灾难顽强抗争的精神却不应淡忘。正是这种不屈不挠的抗争精神,推动了人类社会的发展。用唯物主义的历史辩证法回顾、评价妖和妖故事的内涵,就会发现这种不屈不挠的抗争精神就是妖故事所具有的正能量。阐释正能量,这是本书写作的初衷。

后 记

许是生性驽钝,写作本书时,从动笔始直到此刻,笔者始终在两个字上纠结:"少"与"多"。

先说"少"。接到《妖》的写作任务,笔者就一面紧张地检索大脑中的资料库,一面翻阅有关书籍,同时还向同道师友请益。但很遗憾,自己大脑中的资料库可能库存太少,"妖踪"鲜有;有关笔记小说、神魔小说等文本中也只有妖精、妖怪等由有生命体和无生命体幻化而成的精和怪,至于蹈空凌虚而来的"妖"则"踪迹罕有";更有同道师友直言相告:历代志怪志异、笔记小说以及神魔小说文本中没有妖,只有精和怪。

这是什么情况?是不是还有什么"藏妖洞"被遗漏了,逃过了检索?经过一番"上穷碧落下黄泉"的搜寻翻检,蓦然发现,《山海经》中,我们的民间故事中,特别是少数民族民间故事里,却是妖影憧憧,而传统的"聚精会神"文本中确实极为罕见。

为什么在浩如烟海的志怪志异、笔记小说、神魔小说这类"聚精会神"的文本中妖故事只是"微量元素",而民间故事里却大量存有?经过仔细琢磨,笔者悟到是历代文人的那支笔将妖故事过滤掉了。权且此般推论,历代文人为文写作讲究儒家"无一字无来历"的规训,妖不像由狐狸、老鼠(有生命体)等变幻而成的精,也不像由石头、锅碗瓢盆(无生命体)等变幻而成的怪,都有所本,而妖是凭空而来的,所指更为抽象,也正因此,之后概念演化也多与其他交集融合,甚至相混。于是乎,大量的妖故事消失殆尽。反观现已出版的(如上海文艺出版社《中华民族故事大系》等)收录民间故事的文本,虽然也是由文人采录,但由于突破了"无一字无来历"的枷锁,讲究原汁原味地记录,保持了原生态,故而妖故事得以保存。

再说"多"。笔者在翻检各类文本遍寻妖的踪迹之时,发现了一个奇怪的现象,好多也是由人想象出来的类生物体竟然无所归属。从其本质来说,既不是神,不是鬼;也不是仙、精、怪,但从它们那凶恶狰狞的形象、专与人类为敌的职司,高强的本领以及被打败后没有原形可现这几条来看,应该属于妖类无疑。这其中有以西王母为代表的《山海经》里的诸妖以及流传千年的太岁、年、"四凶",还有孽龙、魃魅、瘟神、病魔、魑魅魍魉等等。但如果将它们都归入妖类,这就突破了以往人们关于"妖"的概念。如此归类,是民间文学分类的创新,还是标新立异? 这就是笔者关于"多"的困惑。

但是,纠结归纠结,还是按照自己的思路写了,且自认为还能言之成理、自圆其说。至于对"少"的推论和"多"的立论,有待方家批评。

妖所指相较务虚,但妖故事的影响却是实实在在的。研究妖、妖故事,正是为了消除它们的消极影响,阐明妖反人类的本质属性,阐明妖故事弘扬正气的内涵,激发社会的正能量。

最后,谨此感谢上海辞书出版社的信任,感谢徐思思、俞柳柳两位责任编辑对本书提供的缜密的修改意见。感谢徐华龙先生,无私地提供了有关资料,并且给予整体构架的指导。

王有钧

2014 年 6 月

图书在版编目(CIP)数据

妖／王有钧著．—上海：上海辞书出版社,2014.8
(民间信仰口袋书系列)
ISBN 978-7-5326-4259-5

Ⅰ.①妖… Ⅱ.①王… Ⅲ.①信仰-民间文化-中国 Ⅳ.①B933

中国版本图书馆CIP数据核字(2014)第169916号

策划统筹 蒋惠雍
责任编辑 俞柳柳
整体设计 周　晨

妖

王有钧　著

上海世纪出版股份有限公司
上　海　辞　书　出　版　社　出版、发行
中国图书进出口上海公司

2014年8月第1版
ISBN 978-7-5326-4259-5/K·981

www.ingramcontent.com/pod-product-compliance
Lightning Source LLC
Chambersburg PA
CBHW071403160426
42813CB00083B/434